Does Climate Change Really put Nature and Humans at Risk?

While we eat, study, rest, and sleep, the Earth's surface temperature is rising gradually. Although it hasrisen 0.6degrees over the past 100years, but the earth will not get hot as if it suddenly caught fire.

But in the hottest times of the year, it seems as if the earth could boil. In 2020, Australia was engulfed by severe heat waves and wildfires wave for about six months. Red and black smoke spread for miles. People were injured or killed, homes burned, and the vast forest, where hundreds of millions of animals lived was burned down. In the U.S. and Canada in 2021, it had already hit 38-43degrees Celsius in June, and in Canada, more than 60people died from the heat that came early.

On the other hand, hail suddenly poured out in Guadalajara, Mexico, which had steadily recorded 37degrees until a few days ago. The hail piled up 1.5meters of ice. Heavy rain fell in Belgium, Germany, Luxembourg, Switzerland, France and the Netherlands, killing nearly 200people. In addition, China, India, and Japan also lost many people and homes due to heavy rain and floods.

According to news from various media outlets, human-induced carbon dioxide accelerates global warming, raising the average temperature of the Earth and deepening climate change. And environmental groups, scientists, and international say that people should take climate change very seriously and do anything for the Earth's environment and climate.

On the other side, there are scientists who say that it is not serious at all for the Earth to grow hotter by degrees. They argue that the earth was 2degrees hotter than now in the ancient Roman Empire and the Middle Ages. Nevertheless, the CO_2 concentration was significantly lower at the time. They also said that from the 1890s to the 1940s, the Earth was hot and then cooled until the 1970s, and now the Earth's surface temperature is rising again.

Which one do you think is telling the truth? Should we blindly trust and do what adults say?

From now on, let's listen to the Earth, not the adults with different opinions. We can't hear voices like humans from the Earth, but we'll find enough clues if we pay attention. Let's find solutions for our daily lives and future ourselves.

In the Text

1. *Confusion caused by climate change*
2. *Two different positions on climate change*
3. *Carbon Dioxide accelerates Global Warming*
4. *A sea where the weather is created*
5. *Warming as a natural phenomenon*
6. *Pros and Cons of Renewable Energy*
7. *Reasons for Still Using Fossil Fuel*
8. *practical ways to reduce carbon dioxide generation*
9. *Other factors that we are missing*

기후 재난,
인간과 자연은
함께할 수 없을까?

풀과바람 환경생각 16

기후 재난, 인간과 자연은 함께할 수 없을까?
Does Climate Change Really put Nature and Humans at Risk?

1판 1쇄 | 2022년 9월 20일

글 | 이영란
그림 | 잔나비(유남영)

펴낸이 | 박현진
펴낸곳 | (주)풀과바람
주소 | 경기도 파주시 회동길 329(서패동, 파주출판도시)
전화 | 031) 955-9655~6
팩스 | 031) 955-9657
출판등록 | 2000년 4월 24일 제20-328호
홈페이지 | www.grassandwind.co.kr
이메일 | grassandwind@hanmail.net

편집 | 스튜디오 플롯
디자인 | 박기준
마케팅 | 이승민

ⓒ 글 이영란, 그림 잔나비(유남영), 2022

값 13,000원
ISBN 978-89-8389-084-9 73450

※잘못 만들어진 책은 구입처에서 바꾸어 드립니다.

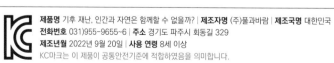

제품명 기후 재난, 인간과 자연은 함께할 수 없을까? | **제조자명** (주)풀과바람 | **제조국명** 대한민국
전화번호 031)955-9655~6 | **주소** 경기도 파주시 회동길 329
제조년월 2022년 9월 20일 | **사용 연령** 8세 이상
KC마크는 이 제품이 공통안전기준에 적합하였음을 의미합니다.

⚠ **주의**

어린이가 책 모서리에
다치지 않게 주의하세요.

기후 재난, 인간과 자연은 함께할 수 없을까?

이영란 · 글 | 잔나비(유남영) · 그림

풀과바람

우리가 잠자고 먹고 공부하고 쉬는 사이에 지구의 표면 온도는 조금씩 오르고 있어요. 지난 100년간 0.6℃가 올랐다고는 하지만 지구가 갑자기 뜨거워지는 일은 없을 거예요.

하지만 일 년 중 가장 더운 여름이 되면, 당장이라도 지구가 팔팔 끓을 것처럼 뜨거워요. 2020년에 호주는 5개월이 넘도록 불과 사투를 벌여야 했어요. 하늘은 뻘겋고 검은 연기는 멀리멀리 퍼져 나갔지요. 사람이 다치거나 죽고 집이 불에 타 버린 것은 물론, 엄청나게 넓은 숲과 수억 마리의 동물들이 사라져 버렸어요. 2021년 미국과 캐나다에서는 6월에 이미 38~43℃의 기온을 기록했고, 캐나다에서만 이른 더위로 60명 이상이 사망했어요.

반면에 멕시코에서는 며칠 전까지 섭씨 37℃로 더웠던 과달라하라라는 도시에 우박이 내려 얼음이 1.5m나 쌓였어요. 벨기에, 독일, 룩셈부르크, 스위스, 프랑스, 네덜란드에는 비가 엄청나게 쏟아졌는데, 유럽에서만 사망자가 200명 가까이 됐어요. 이밖에 중국, 인도, 일본도 홍수 피해로 많은 사람이 죽고 집을 잃었어요.

　뉴스에서는 사람들이 만들어 낸 이산화 탄소로 지구 온난화가 가속되어 지구가 더워졌고, 그 이유로 날씨가 변덕스러워졌다고 해요. 환경 단체와 과학자들, 국제기구들은 이러한 기후 변화를 매우 심각하게 받아들여 사람들이 더 노력해야 한다고 합니다.

　하지만, 일부 과학자들은 지구가 더워지는 건 자연스러운 현상이라고 주장해요. 멀게는 로마가 번성하던 로마 제국 때와 중세 시대에는 지금보다 2℃ 정도 더 더웠다고 해요. 물론 이산화 탄소 농도는 더 낮았고요. 가까이는 1890년대부터 1940년대까지 더워졌다가 1970년대까지는 서늘해졌고, 다시 기온이 오르고 있다고 합니다.

　과연 어느 쪽의 말이 맞을까요? 우리는 어른들이 말하는 대로 믿고 하라는 대로 해야 할까요? 누가 진실을 말하고 있는 걸까요?

　이제부터는 어른들의 말보다 지구에게 귀를 기울여 봐요. 지구는 사람처럼 말을 할 수 없지만, 우리가 관심을 가진다면 지구의 마음을 충분히 알 수 있을 거예요. 우리의 일상과 미래를 우리 스스로 찾아보아요.

이영란

차례

기후 변화가 일으킨 혼란

폭염, 산불, 폭우, 홍수, 가뭄 등 기후가 급작스럽게 변해 사람들이 위험에 빠졌다는 뉴스가 매일같이 쏟아지고 있어요. 기후 변화란 무엇이고, 지구촌 곳곳에서는 어떤 일이 벌어지고 있는지 알아보아요.

날씨, 기상, 기후

'날씨'란 매일 시시
각각 달라지는 기상 상
태를 뜻해요.

'기상'은 지구의 대기
에 나타나는 모든 자연
현상, 즉 비·눈·구름·바람·
안개·기온 등을 말하고요.

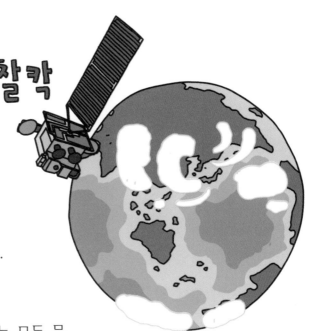

'대기'란, 우주에 존재하는 모든 물
체, 다시 말해 항성, 행성, 위성, 혜성, 성단,
성운, 성간 물질, 인공위성의 표면을 둘러싼 기체예요. 지구의 대기는
산소, 질소, 이산화 탄소, 아르곤 등으로 이루어져 있어요.

'기후'란 일정한 장소에서 매일 달라지는 기온, 비, 눈, 바람 등을 여
러 해 동안 살펴서 평균값을 낸 것을 말해요. "적도 부근의 열대 기후
는 일 년 내내 덥고 비가 많이 온다.", "중위도는 온대 기후로 사계절의
변화가 뚜렷하고 기온과 강수량이 적당하다."와 같은 식이죠.

기후 변화

기후 변화는 특정 장소의 기후가 시간이 지나면서 점차 변화하는 것을 말해요. 오늘날 알프스산맥의 빙하가 19세기 후반보다 절반 정도 줄어든 것을 예로 들 수 있어요. 이런 일은 누군가 조사해서 발표하지 않으면 알기 어려워요.

최근 몇 년 동안 사람들이 변화된 기후를 직접 느끼고 불편을 호소하는 일들이 늘었어요. 중국은 특정 지역에 폭우가 쏟아져 홍수가 일어나 도시가 물에 잠기기도 했어요. 일본은 반복되는 태풍 피해로 물난리에 산사태까지 일어났어요. 호주에서는 지속된 더위로 갑자기 일어난 산불에 숲과 집까지 모두 타 버렸어요. 사람들은 우왕좌왕할 뿐 손을 쓰지 못하고 지켜볼 수밖에 없었지요. 기후 변화가 일으킨 자연재해로 사람들은 매년 재산뿐만 아니라 목숨을 잃기도 해요.

녹아내린 아스팔트

인도는 5월이 되면 무더위가 시작돼요. 영토가 넓어 지역마다 기온 차이는 있지만 2015년에는 많은 곳이 폭염으로 고통을 겪었어요. 당시 불볕더위를 피하지 못해 사망자가 1,000명을 넘어섰고, 건널목의 아스팔트가 아이스크림처럼 녹아내렸어요. 2010년만 해도 33~43℃였던 기온이 50℃가 넘은 거예요. 이듬해에는 건널목을 건너던 사람들의 신발이 도로에 달라붙은 채 버려진 모습이 뉴스에 보도되기도 했어요.

2021년 6월 캐나다 밴쿠버에서도 같은 일이 일어났어요. 평균 20℃ 안팎이었던 한낮의 기온이 100년 만에 찾아온 폭염으로 49.5℃까지 오르더니 아스팔트가 녹아내렸어요. 시내 곳곳의 도로가 부풀어 오르고 끊어졌지요. 심지어 트램의 전선이 녹아 운행이 중단되었어요.

급작스러운 폭우

독일과 벨기에, 네덜란드, 룩셈부르크는 서로 맞닿은 이웃 국가로 7~8월 한 달 평균 강수량이 100㎜가 채 되지 않아요. 한국의 장마철 인 7~8월의 평균 강수량이 500㎜ 내외인 것과 비교하면 비가 많이 내리는 편은 아니에요.

그런데 2021년 7월 14~15일 이틀간, 한 달 내내 내릴 양보다 더 많은 비가 내렸어요. 하필 강 근처에 집중적으로 내려 뫼즈강, 라인강, 아르강이 범람해 홍수가 일어났어요. 독일과 벨기에에서는 집이 물에 잠기고 댐이 무너져 200여 명이 죽고 1,000명이 넘는 사람이 실종됐어요. 시간당 150㎜가 넘는 폭우가 쏟아졌는데, 이는 100년 만의 물바다로, 전기와 인터넷이 끊기고 물에 잠긴 차들이 서로 부딪쳐 부서졌어요.

오랜만에 내린 대폭우

2020년 5월 29일부터 중국 남부에서 시작된 비는 9월이 되어도 좀처럼 멈추지 않았어요. 비구름은 중부와 북부에도 흘러가 집중적으로 비를 쏟아 내 장시성, 안후이성, 구이저우성, 후베이성 등 많은 곳이 물바다가 됐지요.

7~8월, 중국에서는 주로 북부 지방에 많은 비가 내리는데, 비를 잔뜩 머금은 구름대의 이동 속도가 매우 느려서 더 넓은 지역에 큰 피해

를 냈어요. 이러한 폭우는 1940년 이후로 처음이었어요. 7월 29일까지 5,500만 명이 넘는 이재민이 발생하고 약 24조 6,700억 원이 넘는 재산 피해가 발생했어요.

2021년에도 중국은 또 집중 호우에 시달렸어요. 장마철도 아닌 3월, 푸젠성 다톈현에 태풍 못지않은 강한 비바람이 몰아쳤지요. 거리의 나무들과 표지판, 오토바이까지 바람에 넘어졌어요. 출입문이 떨어져 나갈 듯 덜렁거리기도 했고, 지붕이 무너져 건물 안으로 빗물이 쏟아져 내리기도 했어요.

같은 해, 허난성 정저우시에서는 7월 17~20일까지 617.1㎜의 폭우가 내렸어요. 500여 명이 3시간가량 지하철에 갇혔다가 구조됐는데, 지하철 밖에는 어른 키만큼 물이 차올라서 문을 열고 나가지도 못했어요. 안에 있는 사람들은 다들 죽을지도 모른다고 생각했지요. 길이 5km의 징광 터널도 물에 완전히 잠겨 자동차 247대가 침수됐어요. 중국 정부에서는 사망자가 6명이라고 발표했지만, 차 안에 있던 사람들이 거의 대피하지 못해 실제로는 더 큰 피해가 있었을 거라고 해요. 특히 퇴근 시간이었던 만큼 사람도 자동차도 피해가 더 많았을 거라고 추측되어요.

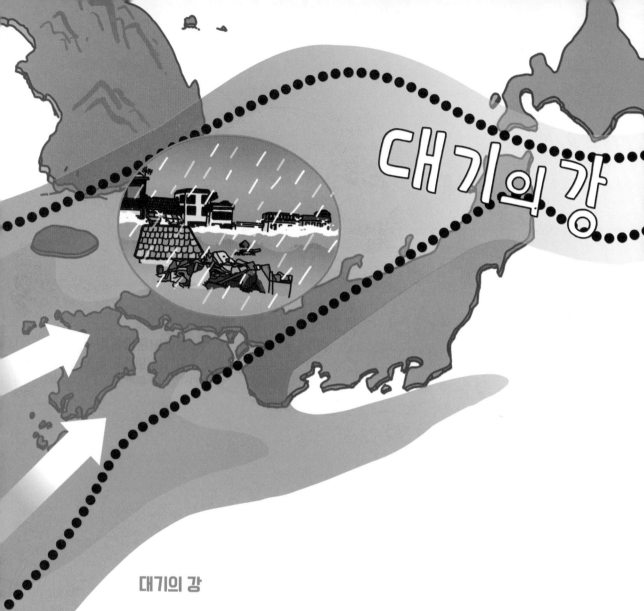

대기의 강

섬나라인 일본은 갈수록 비 때문에 큰 피해를 입어요. 2018년에도, 2020년에도 '이제껏 본 적 없는 강렬한 폭우'가 내렸다고 했는데, 2021년에는 일본의 평균 강수량을 다시 기록해야 할 정도로 엄청난 비가 내렸어요. 이른 장마에 이어 10여 개의 태풍 그리고 '대기의 강' 현상까지 일어났어요.

규슈 사가현 우레노시에서는 5일간 1,024㎜의 비가 쏟아졌어요. 8월 한 달 강우량의 3.6배나 되지요. 이는 장마와 별개로 수증기를 잔뜩 머금은 비구름이 공기의 흐름을 따라 서쪽에서 동쪽으로 강물 흐르듯이 흘러가며 비를 퍼부은 '대기의 강' 현상 때문이에요.

대기의 강은 주로 미국 서부 지역에 피해를 주는데, 일본에도 같은 현상이 일어난 거예요. 장마가 끝나기도 전에 일어난 탓에 물을 잔뜩 머금은 땅이 무너져 내려 무려 62곳에서 산사태가 일어났어요.

또 '대기의 강'이 사라지기가 무섭게 연달아 태풍이 올라왔어요. 가을이 되었지만, 태풍의 영향으로 비가 내렸고, 그렇지 않은 날은 30℃가 넘어 무더위에 시달려야 했어요. 훗카이도 지역은 10월에 폭설과 우박이 내려 도시가 마비되었어요.

2019년 3월 미국 캘리포니아주 남서부 샌타바버라 해안에서는 5분 동안 1,489회나 천둥, 번개가 쳤어요. LA 주변 지역에서는 2,200회나 천둥, 번개가 쳤고요. 사람들뿐만 아니라 기상청도 놀라게 한 이 현상 또한 '대기의 강'이 원인이었답니다.

대기의 **강**은 높은 하늘에 많은 양의 수증기가 띠 모양으로 흘러 들어가는 현상이야.

지옥처럼 붉어진 하늘

호주에서는 2019년 9월 2일부터 5개월이 넘는 동안 대규모 산불이 발생했어요. 짙은 연기와 재가 빛을 여러 갈래로 흩어지게 해 하늘이 새빨간 색으로 변했지요. 마치 지옥 같았지요. 산불이 일으킨 연기는 호주를 넘어 뉴질랜드, 도쿄만과 칠레, 페루, 아르헨티나까지 퍼졌을 만큼 엄청난 화재였어요. 이 불로 1,860ha(헥타르)의 숲이 모조리 타 버렸어요. 남북한을 합한 면적만큼의 숲이 사라진 거예요.

산불은 다음 해인 2020년 2월 13일에 진화됐는데 5,700여 채의 건물이 모조리 타 버렸어요. 28명이 사망하고 약 12억 7,000여 마리의 야생 동물이 불에 타서 죽었어요.

2020년 1월부터는 비가 내려 불을 끄는 데 조금 수월해졌어요. 하지만 엎친 데 덮친 격으로 골프공만 한 우박과 폭우가 내려 물난리가 났어요. 호주는 이듬해인 2021년에도 3월과 6월에 폭우가 내려 강이 범람하고 전기가 끊기는 등 곳곳에서 큰 피해를 보았어요.

2 기후 변화에 대한 서로 다른 주장

아무리 훌륭한 슈퍼컴퓨터가 있어도 일기 예보가 잘 안 맞을 때가 있어요. 그만큼 날씨를 정확하게 알아내는 건 쉽지 않아요. 따라서 기후 변화를 예측하는 건 과학자들에게도 어려운 일이에요.

지구의 기후를 둘러싼 각기 다른 의견

2000년대 들어 지구촌 곳곳에서는 날씨가 미쳤나 싶을 정도로 갑자기 세차게 비가 쏟아지는가 하면, 숨을 쉴 수 없을 만큼의 무더위가 찾아와 사람들을 힘들게 해요.

전 세계의 많은 전문가는 온실가스 때문에 기온이 오르면서 폭염과 폭우 등이 잦아졌다고 주장해요. 오늘날 일어나고 있는 기후 변화가 지구 온난화 때문이라는 거예요.

반면, 이와 의견을 달리하는 과학자들도 있어요. 기상 이변은 언제나 있었던 일로, 크게 걱정할 필요가 없다고 주장해요. 지구는 평균 기온이 높아지는 온난화와 평균 기온이 점점 낮아지는 한랭화를 반복해 왔다고 해요. 현재 지구 온난화는 일시적인 것으로, 지구에 도달하는 태양 빛의 양의 변화, 지구와 태양 사이의 거리의 변화, 지구를 둘러싼 대기의 변화 등의 이유로 생긴 것이라고 해요.

두 의견을 보면 지구 온난화에 대한 입장이 확연히 다르다는 것을 알 수 있지요.

이산화 탄소

온난화는 인간들이 만들어 내는 이산화 탄소 때문이죠!

이산화 탄소는 대표적인 온실가스예요. 지구의 대기 속에는 이산화 탄소가 0.33%뿐이지만, 사람들이 이산화 탄소를 마구 배출한 까닭에 그 농도가 높아져 평균 기온이 올랐다고 해요. 기후 변화의 원인이 지구 온난화 때문이라고 주장하는 측에서는 19세기 말 산업 혁명 이후 지구의 평균 기온이 1.2℃ 상승했다는 것을 증거로 내놓았어요.

이에 반대하는 측에서는 사람들이 이산화 탄소를 만들어 내도 바다와 숲이 흡수해 적절한 양이 유지된다고 해요. 또 이산화 탄소가 자외선을 흡수하고 그중 일부가 우주로 방출되어 사람들이 걱정할 만큼 온도가 오르지 않을 것이라고 했어요. 오히려 수증기와 구름이 이산화 탄소보다 더 많은 열을 가둔다고 해요.

빙하

30~40년 전에 비해 빙하가 줄어든 곳이 많아요. 알프스산맥, 히말라야산맥, 그린란드, 케냐산, 파타고니아의 빙하가 녹았다는 사실은 비교 사진만 봐도 알 수 있지요.

한편, 지구에서 가장 빨리 녹는 빙하로 꼽힌 그린란드 서부의 야콥샤븐 빙하는 2019년에 조사한 결과, 오히려 2년 동안 얼음이 늘어났어요. 이렇듯 빙하는 더 커지기도 해요. 또 빙하를 연구하는 과학자들은 온도 변화로 빙하가 다 녹으려면 2만 년이 걸린다고 해요.

해수면 상승

하늘에서 내린 비는 바다에서 시작해서 다시 바다로 가요. 그래서 비가 많이 내려도 해수면이 높아지지 않아요. 하지만 지구의 기온이 높아져서 빙하와 북극의 얼음이 녹으면 해수면이 상승해요.

인류가 지구의 기후 변화에 신경 쓰지 않으면, 21세기가 끝나기 전에 해수면이 1m나 상승한다고 해요. 만약 해수면이 상승하면 팔라우, 파푸아 뉴기니, 솔로몬 제도, 투발루 등 태평양 적도 부근에 있는 섬들이 물에 잠기게 돼요. 또 바다와 가까운 도시는 홍수와 해일 등의 피해를 자주 입게 되고요.

해수면 상승을 걱정할 필요가 없다고 주장하는 측은, 빙하가 녹은 것은 민물이고 바닷물은 소금물이므로 밀도의 차이 때문에 민물이 바닷물에 잘 섞이지 않는 것을 근거로 들어요. 따라서 빙하가 녹아도 수면이 미세하게 상승할 뿐 문제가 될 정도는 아니라고 해요.

또 북극의 얼음이 녹더라도 해수면은 크게 상승하지 않는다고 해요. 그 이유는 부력의 원리 때문이에요. 컵에 물을 넣고 그 위에 얼음을 띄워 보세요. 이때, 컵에 물의 높이를 펜으로 표시해 놓고, 얼음이 녹은 뒤에 확인해 보세요. 거의 차이가 없을 거예요. 얼음의 무게만큼 이미 물의 높이가 올라갔기 때문이죠. 같은 이유로 북극의 얼음이 녹더라도 해수면의 높이는 크게 변함이 없다는 거예요.

다만, 육지에 있는 얼음이 모두 녹는다면 바다로 흘러드는 물의 양 때문에 해수면이 **높아지는 건 분명해요**. 지구상의 모든 얼음이 녹으면 해수면이 70m 상승한다고 알려져 있어요. 하지만 하루아침에 얼음이 모두 녹아 사람들이 남아 있는 육지를 찾아 헤매는 일은 일어나지 않을 거예요.

홍수, 허리케인 같은 자연재해

열대나 아열대의 따뜻한 바다에서는 수증기의 양이 많아 그만큼 구름도 많이 생겨요. 구름이 모여 있는 곳에서는 공기의 흐름이 생기고, 그러다가 많은 비를 퍼붓고 강한 바람을 일으키는 태풍이 일어나요.

태풍, 허리케인 등이 발생하는 이유는 지구상의 에너지 차이를 줄이기 위해서예요. 해가 일 년 내내 온종일 쏟아지는 열대 지방에는 에너지가 남아돌지만, 그렇지 않은 극지방에는 에너지가 부족하지요.

더운 여름, 선풍기를 오래 틀어 놓으면 모터가 뜨거워져요. 식을 새가 없이 계속 사용하면 모터가 금방 고장 나지요. 이처럼 지구 또한 열대 지방에 에너지가 몰리는 것을 막기 위해 태풍과 허리케인을 일으켜 에너지를 이동시키는 거예요.

최근에 태풍 같은 자연재해가 잦은 이유에 대해서도 한쪽은 지구 온난화가 원인이라고 하고, 다른 한쪽은 일시적으로 지구가 더워졌기 때문이라고 해요.

3 날씨가 만들어지는 바다

지구 온난화에 대한 서로 다른 입장을 자세히 들여다보기 전에 날씨가 어떻게 만들어지는지 알아보아요.

바닷물의 증발

건조한 겨울밤, 실내에 물을 떠다 놓으면 아침에 물이 조금 줄어든 것을 알 수 있어요. 물이 공기 중으로 증발하기 때문이지요. '증발'은 액체가 기체로 변하는 현상으로, 흔히 물을 끓이면 기체인 수증기가 생겨 물의 양이 줄어드는 것을 알 수 있지요. 액체는 끓이지 않더라도 천천히 기체가 되는데, 이는 액체 분자가 주위에서 열에너지를 흡수하면서 이루어지는 현상이에요.

바다에서도 해수면에서 물이 증발해요. 태양 에너지를 흡수해 바닷물이 따듯해지면 물이 증발해요. 즉, 물의 기체 상태인 수증기가 되지요. 이때 바닷물 가지고 있던 열이 공기로 전달되면서 공기는 따뜻해지고 바다는 식어요.

구름

공기 중에 수증기가 모이면 아주 작은 물방울이 되는데, 이것이 모여서 하늘에 떠 있는 게 바로 '구름'이에요. 수증기가 모여 작은 물방울이 됐다는 건 수증기가 식었다는 뜻이에요.

물이 끓는 냄비 위로 빈 컵을 거꾸로 가져다 대면 컵 안에 수증기가 들어가고, 그 수증기가 식어 물방울이 맺히는 것과 같아요. 이때도 수증기가 가졌던 열이 공기로 전달돼요.

이렇게 바다에서 물이 증발해 구름이 되는 과정이 끊임없이 이루어지면서 바다에서 대기로 열이 이동해요.

기압과 바람

바닷물에서 공기로 열이 이동하는 현상이 연달아 일어나면 공기가 따뜻해지면서 가벼워져요. 열기구나 풍등을 보면 쉽게 알 수 있어요. 불을 피워 안쪽 공간에 있던 찬 공기를 데우면 가벼워져서 하늘로 두둥실 떠오르지요.

'기압'은 지구상에서 대기의 무게 때문에 생기는 압력을 뜻하는데, 공기가 가벼워졌으니 대기의 무게 또한 가벼워지겠죠? 이때 주위보다 기압이 낮아져요. 공기는 기압이 높은 곳에서 낮은 곳으로 이동해요. 이런 공기의 흐름이 '바람'이에요.

비

바다와 대기가 끊임없이 열을 주고받는 사이, 바람은 구름을 움직여요. 그러는 동안 구름을 이루고 있는 물방울들이 서로 뭉쳐 더 큰 물방울이 돼요. 물방울의 크기가 0.2mm 이상이 되면 비가 되어 내려요. 바닷물이 수증기가 되고 구름이 되었다가 비가 되어 내리면서 열은 공기 중에 남고 물만 바다로 돌아가는 거예요.

태풍

바다는 때때로 비를 동반한 거대한 바람인 태풍을 일으켜요. 태평양의 열대나 아열대의 따뜻한 바닷물은 증발해서 대기에 수증기를 잔뜩 만들어 내요. 이 수증기가 상승 기류(위로 올라가는 공기의 흐름)를 타면 '적란운'이라는 거대한 구름이 만들어져요. 일명 '소나기구름'이라고도 부르며 산이나 탑 모양을 하고 있지요.

적란운이 많이 생기면 기압이 내려가고 바람이 불기 시작하는데, 지구 자전의 영향으로 서서히 소용돌이를 일으켜요. 소용돌이를 만들면서 생기는 바람은 여전히 따뜻한 바다 위에서 수증기를 모으고 모아 적란운을 더 크게 만들어요. 구름이 만들어질 때 대기 중으로 내뿜은

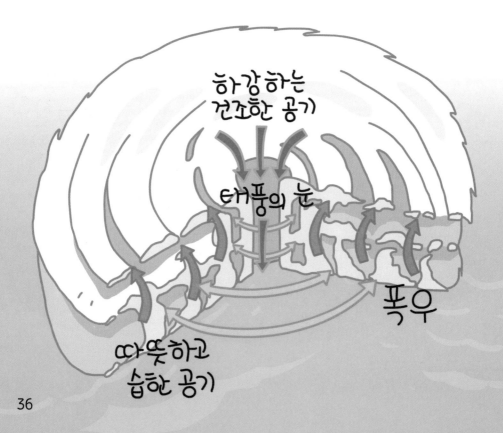

하강하는
건조한 공기

태풍의 눈

폭우

따뜻하고
습한 공기

에너지가 상승 기류를 더욱 크게 일으켜 거대한 비구름을 빠르게 움직이게 해요.

태풍은 거센 바람과 엄청난 양의 비를 뿌리는데, 따뜻한 수증기가 공급되지 못하면 그 힘이 약해져서 점차 사라져요.

태풍은 발생 지역에 따라 이름을 달리 불러요. 태평양에서는 '태풍', 대서양에서는 '허리케인', 인도양에서는 '사이클론', 호주 주변 바다에서는 '윌리윌리'라고 해요.

4 지구 온난화를 부채질하는 이산화 탄소

지구 온난화의 가장 큰 원인으로 이산화 탄소가 지목되고 있어요. 이산화 탄소는 어떻게 지구의 온도를 올리는 걸까요? 사람들도 숨을 내쉴 때 이산화 탄소를 내뿜는데, 그것도 지구 온난화를 부추기는 걸까요?

수성보다 뜨거운 금성

수성 다음으로 태양과 가까운 행성이고 지구와 가장 가까이 있는 천체는 무엇일까요? 정답은 금성이에요. 해가 뜨기 전 동쪽 하늘에서, 해가 진 후 서쪽 하늘에서 별처럼 보여 '샛별'이라고도 해요. 크기는 지구와 비슷하지만, 지구와 비교할 수도 없을 만큼 엄청나게 뜨거워요. 표면 온도가 464℃나 되지요. 지구보다 태양에 가까워서 그럴 수도 있지만, 태양에서 가장 가까이에 있는 수성은 한낮에 표면 온도가 427℃예요. 금성이 수성보다 37℃나 더 뜨거워요. 지구에서 37℃면 한여름 더위로 사람들이 힘들어하는 온도이지요.

금성이 수성보다 더 뜨거운 이유는, 금성을 둘러싼 기체 중 96.5%가 이산화 탄소이기 때문이에요. 이산화 탄소는 태양이 뿜어낸 빛 가운데 적외선을 흡수해요. 이산화 탄소가 적외선을 흡수하면 탄소(C)와 산소(O)가 결합된 부분이 구부러지거나 스프링처럼 진동해요. 진동을 한다는 건 움직임이 발생한다는 거예요. 우리도 몸을 움직이면 체온이 올라가고 덥다고 느끼지요. 이처럼 진동을 하면 열이 발생해요.

한편, 흡수했던 에너지를 내보내는 과정에서 공기가 따뜻해져요. 금성은 이산화 탄소가 가득해서 뜨거울 수밖에 없어요.

태양 복사 에너지를 흡수하는 이산화 탄소

대기가 없어 낮과 밤의 기온 차가 수백 ℃나 되는 수성이나 평균 기온이 400℃가 넘는 금성과 달리, 지구의 평균 기온은 15℃ 정도예요.

지구에도 수성, 금성과 마찬가지로 태양 빛이 쏟아져 내리지만, 모두 흡수하는 대신 어느 정도는 반사시켜 우주로 내보내요. 태양으로부터 오는 빛을 모두 다 받아들이면 더울 거예요. 하지만 지구는 우주로 반사시키고 남은 태양 빛에 대기 중에 미미하게 존재하는 이산화 탄소가 흡수한 자외선이 더해져 생명체가 살 수 있는 적정 온도가 된 거예요. 만일 지구에 대기가 없다면 태양에서 받는 빛 에너지를 고스란히 우주 밖으로 내보내 지구는 영하 18~20℃의 추운 행성이 됐을 거라고 해요.

네가 나보다 더워?

수성

인간이 만들어 내는 이산화 탄소

이산화 탄소가 자외선을 흡수했다가 내보내는 과정에서 지구를 데우는 것을 '온실 효과'라고 해요. 빛을 받았을 때 열을 내보내지 않는 온실과 같은 작용을 하기 때문이에요. 이러한 작용으로 지구의 평균 온도가 유지되므로 온실 효과는 나쁜 게 아니에요.

다만, 더 편리해지기 위해 사람들이 개발한 것들 때문에 이산화 탄소의 양이 늘면서 온실 효과가 심해진 게 문제이지요.

이산화 탄소는 인간과 동물이 숨을 쉴 때, 화산이 폭발할 때 등 자연적으로 발생하기도 하지만, 인간이 생존을 위해 불을 피울 때도 발생해요. 인간이 불을 발견한 게 4억 7,000만 년 전이라고 하니 아주 오래 전부터 사람들은 이산화 탄소를 만들어 낸 거예요. 인간이 과거에 기계를 만들어 사용했을 때조차도 풍차, 물레방아처럼 바람이나 물 등 자연의 힘을 이용했기 때문에 이산화 탄소의 발생량은 오늘날처럼 많지 않았어요.

18세기 영국에서 일어난 산업 혁명을 시작으로 석탄을 폭발적으로

사용하면서부터 문제가 생겼지요. 이전부터 연료로 사용해 오던 목재가 바닥나자 석탄이 나무를 대신하게 됐고, 석탄은 '검은 다이아몬드'라 불리며 증기 기관의 발전을 이끌었지요. 증기 기관은 물을 끓여 생긴 수증기로 기계를 작동시켜요. 기계를 작동시키기 위해 많은 석탄이 사용되었고, 이때부터 이산화 탄소가 급격히 발생하게 되었어요.

이산화 탄소와 화석 연료

물을 끓여서 생긴 수증기로 기계를 작동시키는데 왜 이산화 탄소가 생긴 걸까요? 바로 물을 끓이는 데 사용하는 원료인 석탄 때문이에요. 석탄은 아주 오래전 땅과 바다에 살았던 식물이 깊은 땅속에 묻혀 아주 뜨거운 열과 압력을 받아 돌로 변한 거예요.

석탄을 처음 발견해 사용한 것은 지금으로부터 3,000년 전이에요. 고대 그리스의 과학자 테오프라스토스는 "불이 붙어 타는 암석이 있는데 금속을 녹이는 데 사용할 수 있다."라고 했지요.

석탄을 태우면 열이 발생하고 검은 연기가 뿜어져 나오는데, 이때 이산화 탄소가 나와요. 석탄은 죽은 식물들이 변한 것으로, 원래는 생명체였지요. 생명체는 기본적으로 탄소 성분을 가지고 있어요. 그리고 무언가 불에 탈 때는 산소가 있어야 해요. 이산화 탄소는 탄소가 타면서 산소와 결합해 만들어진 것이지요. 이산화 탄소(CO_2)는 탄소(C) 원자 한 개와 산소(O) 원자 두 개로 이루어진 화합물이에요.

45

고래기름보다 석유

옛사람들은 고래기름을 이용해 불을 켰어요. 고래기름은 불을 밝히는 연료이자 양초, 비누, 윤활유, 피부 관리 등에 사용되어 여러모로 쓸모가 있었어요. 본격적으로 석유가 생산되면서부터는 힘들게 고래를 잡지 않아도 됐어요.

석유도 동식물이 죽어서 묻힌 다음, 적당한 깊이에서 압력과 열을 받아 만들어진 거예요. 돌로 된 석탄과 달리 액체로 되어 있지요. 석유 또한 생명체가 죽어서 만들어진 것이므로 탄소를 가지고 있어요. 그래서 석탄처럼 불이 잘 붙고, 불에 타면서 이산화 탄소를 발생시켜요.

석유를 땅속이나 바닷속 깊은 곳에서 뽑아낼 때 불에 잘 타는 가스도 분출돼요. 이 가스에도 탄소가 포함되어 있지요. 이것이 바로 '천연가스'예요. 가정이나 차량의 연료로 많이 사용돼요. 석탄, 석유와 달리 매연이나 미세 먼지가 적게 발생하지만, 마찬가지로 화석 연료이기 때문에 이산화 탄소를 내뿜어요.

급속도로 높아진 이산화 탄소 농도

석탄과 석유 같은 화석 연료를 본격적으로 사용하게 된 것은 19세기부터예요. 그 당시의 인구는 약 10억 명 정도로, 약 78억 명인 오늘날보다 훨씬 적지요.

10억 명이 화석 연료를 사용해 불을 피우고, 공장을 세우고, 기계를 가동했어도 대기 중 이산화 탄소 농도는 260~280ppm 수준을 유지했어요. 이후 인구가 폭발적으로 늘고 화석 연료 사용이 늘면서 현재 이산화 탄소의 농도는 약 400ppm 정도로 늘었어요.

과학자들은 지금처럼 계속해서 이산화 탄소를 뿜어낸다면, 2100년에는 그 농도가 540~970ppm에 이를 것이라고 해요. 이산화 탄소가 흡수하고 내보내는 적외선과 에너지의 양도 높아지므로 지구 온도 또한 지금보다 더 오를 거라고 예측해요.

이산화 탄소를 흡수하는 바다

지구의 대기는 질소 약 78%, 산소 21%, 물 1%, 아르곤, 이산화 탄소 등으로 되어 있어요. 이 중에서 이산화 탄소는 0.33% 정도로, 금성에 비하면 아주 적은 양이죠.

지구는 화산 폭발 같은 자연 활동으로 이산화 탄소를 뿜어내요. 사람들은 불을 사용하면서부터 이산화 탄소를 만들어 냈지요. 그런데도 여전히 지구가 금성처럼 뜨거워지지 않은 건, 많은 양의 이산화 탄소가 바다에 흡수되기 때문이에요.

이산화 탄소가 물에 녹은 것을 '탄산'이라고 해요. 우리가 즐겨 마시는 탄산음료와 탄산수가 대표적인 예죠. 이산화 탄소를 흡수한 바닷물이 탄산수처럼 뽀글거리지 않는 이유는, 이산화 탄소의 양보다 바닷물의 양이 훨씬 많기 때문이에요.

인간이 만들어 낸 이산화 탄소의 약 90%가 바다에 흡수된다고 해.

바다의 노력에도 이산화 탄소가 증가하는 이유

비, 강물, 바다 등으로 스며든 이산화 탄소는 바닷물이 순환하면서 깊은 바닷속으로 가라앉아요. 바다에 사는 식물 플랑크톤이 광합성을 하면서 이산화 탄소를 흡수하지요. 또 식물 플랑크톤을 먹은 바다 생물의 유해나 배설물이 바다 깊숙이 가라앉아, 그 안에 이산화 탄소가 저장돼요. 고래의 경우 약 33t의 이산화 탄소를 몸속에 저장해요.

이렇게 바다가 이산화 탄소를 흡수하지만, 지구 온난화를 걱정하는 과학자들은 여전히 대기 중 이산화 탄소의 농도가 증가하고 있다고 해요. 바다가 이산화 탄소를 흡수하는 속도보다 인간이 이산화 탄소를 만들어 내는 속도가 더 빠른 탓이지요.

수온과 소금의 농도 차이에 따라 바닷물은 바다 표면으로 떠오르기도 하고 깊이 가라앉기도 하는데, 바다 표면의 온도가 상승하면 따뜻해진 바닷물이 심해로 가라앉기 어려워져요. 그러면 이산화 탄소를 머금은 바닷물이 제자리에 머무르게 되어 이산화 탄소가 더는 바다에 흡수되지 못해요.

바다가 이산화 탄소를 녹여 내지 못하면?

바다는 지구의 자전과 바람 등으로 일정한 방향과 속도로 흐르는데, 이러한 움직임을 '해류'라고 해요. 해류는 다양한 흐름이 있어요. 바다 깊은 곳을 흐르기도 하고 바다 표면을 흐르기도 해요. 적도를 중심으로 북쪽에서는 시계 방향으로 흐르고, 남쪽에서는 시계 반대 방향으로 흘러요.

해류는 적도 부근에서 따뜻해져서, 위도가 높은 곳으로 흐르는 '난류'와 남극과 북극 주변 지역에서 차가워져서 위도가 낮은 곳으로 흐르는 '한류'가 있어요.

해류는 잔잔히 흐르기도 하고 이리저리 굽이쳐 흐르기도 하는데, 때로는 멈춘 듯 느리게 흐리기도 해요. 바닷물이 한곳에 고이면 이산화 탄소의 영향으로 바닷물이 산성화돼요.

산성화된 바닷속

탄산음료에 조개껍데기를 오랫동안 넣어 두면 흐물흐물해져요. 이처럼 바다가 산성화되면 미네랄 물질을 녹여요. 산호의 단단한 골격이나 갑각류, 조개류 등의 껍데기가 제대로 만들어지지 못해요. 또 동물 플

랑크톤은 산성화된 바닷물 속에서 살아남기 위해 많은 에너지를 쓰기 때문에 성장하고 번식하는 데 어려움이 생겨요. 동물 플랑크톤은 바다 생물의 먹이이기 때문에, 그 숫자가 줄면 당연히 바다 생물도 영향을 받게 돼요.

이산화 탄소에서 시작된 나비 효과

나비 효과란 미국의 기상학자인 에드워드
노턴 로렌즈가 처음 사용한 용어예요. 하나의
작은 사건이 사슬처럼 이어져 나중에는 예상하
지 못한 엄청난 결과를 일으킬 수 있다는 말이지요.
"브라질 나비의 작은 날갯짓이 텍사스에 태풍을 몰고 올 수 있다."라고
표현돼요.

이산화 탄소로 지구 표면의 기온이 오르고, 이 현상이 오랫동안 유
지되면 지구의 평균 기온이 상승하게 돼요. 극지방의 얼음과 눈, 육지
의 빙하 등이 녹겠지요. 그러면 해수면이 상승하고, 태평양의 섬들뿐
아니라 이탈리아의 베네치아 같은 저지대 지역이 물에 잠겨 땅의 면적
이 줄어들어요. 반대로 물의 표면적이 늘어나 태양에서 오는 에너지를
우주로 반사하는 비율이 높아져요. 그렇게 되면 지구가 흡수하는 태양
에너지의 양이 감소하게 되고, 결국 기온이 낮아지게 되지요.

지구의 기온이 전체적으로 낮아지므로 열대 지방의 식물이 추위에
죽게 될 뿐만 아니라 식물도 잘 자라지 않아 식량 부족에 처하게 돼요.

한편, 지구는 특정 지역에 에너지가 몰리는 것을 막기 위해 태풍 같
은 자연재해를 일으켜요. 지구 표면의 기온이 오르면 이런 재해가 잦
아질 거예요.

남아메리카 서해안을 따라 흐르는 페루 해류 속에 이상 난류가 흘러 드는 현상인 엘니뇨도 더 자주 일어날 거예요. 페루 해류는 온도가 낮 은 한류로, 참치 같은 큰 물고기가 많이 살아요. 따라서 엘니뇨가 생기 면 에콰도르와 칠레 지역의 농업과 어업이 피해를 보게 돼요.

저기압으로 비가 내리던 지역이 고기압으로 변해 건조해지는 등 이 상 기후 현상도 일어날 거예요. 인도에서는 가뭄이 생길 수 있고, 아시 아에서는 서늘한 여름을 맞이할 거예요. 미국에서는 큰비가 내려 홍수 가 일어날 테고, 칠레에서는 사막에 비가 내릴 거예요.

반대로 지구의 평균 기온이 오르면 풀만 자라던 건조한 지역은 사막 이 될 거예요. 농사를 지을 땅도 줄어들고, 말라 죽는 풀과 나무들이 세계 곳곳에서 생겨나겠죠. 땅은 점점 뜨거워지고 물을 머금은 식물은 사라지니 자연적으로 화재가 발생할 확률이 높아져요. 화재가 일어나 면 사람도 위험하지만, 자연이 파괴돼요. 숲이 줄어 이산화 탄소를 흡 수하지 못하면 지구 온난화는 더 심해질 거예요.

5 자연적인 온난화

지구 온난화를 크게 걱정하지 않는 사람들은 지구가 주기적으로 온난화
와 한랭화를 반복한다고 해요. 이를 '밀란코비치 사이클'이라고 하는데,
지구의 자전축이나 공전 궤도가 변하는 현상과 관계가 있어요.

빙하기 지구

현재 지구는 '빙하기'예요. 지구의 기온이 크게 떨어져서 다른 때에는 온대 기후였던 지역까지 빙하로 뒤덮이는 시기를 말해요. 빙하기는 기온이 낮은 시기를 '빙기'라 하고, 빙기와 빙기 사이의 온난한 시기를 '간빙기'라고 하는데, 과거 지구는 빙기와 간빙기가 여러 차례 반복됐어요.

오늘날은 간빙기에 속해요. 간빙기는 10~20만 년 주기로 가끔 기온이 올라 따뜻해지는 기간이에요. 보통 1~3만 년 정도예요.

지금으로부터 1만 2,900년 전 마지막 빙기가 끝나고 간빙기가 시작됐는데, 인류의 조상인 호모 사피엔스가 나타난 20~30만 년 전은 빙기였어요. 인류는 20만 년 전, 아프리카에서 돌연변이로 생겼다는 설도 있어요. 빙기였던 아프리카는 오늘날과 달리 덥지 않고 따뜻했을 거예요. 하지만 간빙기가 되어 숲이 사라지고 사막이 되자 인류는 더 살기 좋은 곳을 찾아 이동하게 된 거예요. 한편, 간빙기 시기의 유럽 대륙과 아시아 대륙은 따뜻해져서 인류가 살기 좋은 곳이 됐어요.

밀란코비치 사이클

온난화와 한랭화는 주기적으로 반복해요.

밀란코비치

밀란코비치 사이클

　19세기 후반 스코틀랜드의 자연사 연구자인 제임스 크롤은 지구 궤도의 여러 요소가 변화를 일으켜 빙하기가 생겼을지도 모른다는 가설을 내놓았어요. 그리고 세르비아의 천문학자인 밀루틴 밀란코비치가 이 가설에 근거를 덧붙였지요. 그것은 지구의 공전 궤도, 지구 자전축의 기울기, 이 기울기로 회전하여 자전하는 세차 운동이 지구 표면으로 뻗어 나가는 태양 에너지에 영향을 주고 그것이 지구의 기후에 영향을 준다는 거예요.

공전 궤도

태양계의 행성들은 태양을 중심으로 공전해요. 지구도 태양 주위를 1년 주기로 공전하지요. 지구의 공전 궤도는 완전히 동그란 원이 아니라 약간 타원형을 이뤄요. 그래서 태양과 지구의 거리가 가장 가까울 때와 가장 멀 때가 있는데, 이때 지구가 받는 태양 복사 에너지도 각기 달라요. 공전 궤도의 모양은 주기마다 달라지는데, 보통 10만 년마다 바뀐다고 해요.

자전축의 기울기

지구는 양극을 통과하는 축을 중심으로 자전해요. 흔히 자전축이 23.5° 정도 기울어져 있다고 하지만, 이것은 고정된 게 아니에요. 4만 1,000년에 한 번씩 22.1~24.5° 사이에서 기울기가 바뀌어요. 기울기가 크면 기울기가 작을 때보다 많은 태양열을 받기 때문에 매우 더운 여름을 경험하게 돼요.

세차 운동

자전축을 중심으로 지구가 회전하는 모양을 보면 원뿔 모양이에요. 이렇게 원뿔 모양을 이루면서 회전하는 주기는 약 2만 5,700년이에요. 세차 운동은 태양과 달이 서로 끌어당기는 힘으로 생기는데, 자전축의 기울기가 미묘하게 바뀌고 극지방이나 그 주변에서 일 년 중 매우 긴 밤과 낮이 생기는 원인이 돼요. 세차 운동의 결과로, 위도별로 태양의 복사 에너지가 지표면에 닿는 양이 약 1만 9,000년~2만 2,000년 주기로 변화해요.

태양 활동과 기후 변화

태양에서 받는 에너지는 항상 일정하지 않아요. 밀란코비치 사이클과 더불어 주기적으로 변하는 태양의 활동에도 영향을 받거든요.

태양도 지구도 커다란 자석 같아서 자기장이 흘러요. '자기장'이란 쇠붙이를 끌어당기거나 남북을 가리키는 등 자석이 갖는 작용이나 성질이 존재하는 공간을 뜻해요. 태양 표면을 흐르는 자기장이 태양의 빠른 자전 속도를 따라가지 못해 '흑점'이 나타난다고 해요. 태양의 흑점은 표면에 검게 보이는 부분으로 온도가 1,500~2,000℃ 정도 낮아요.

태양의 흑점은 11년마다 그 수가 줄었다 늘었다 해요. 태양의 흑점이 많아지면, 자기장의 힘이 세져서 우주 공간의 환경을 변화시켜요. 그래서 지구에 오로라, 지자기 폭풍, 전파 교란 현상, 위성 통신 장애, 지피에스(GPS) 수신 장애 등이 일어나요. 그렇게 되면 지구 표면에 도달하는 태양 에너지가 강해져서 지구의 기온도 올라가요.

화산 활동과 온난화

화산이 분화하면 작은 먼지 알갱이들이 하늘을 뒤덮고 태양 빛을 반사해 지구 표면에 전달되는 에너지가 줄어들어요. 태양 빛을 받지 못한 지구는 차가워질 수밖에 없어요. 우산으로 비를 막는 것처럼 보인다고 해서 이를 '우산 효과'라고 해요. 반대로 화산이 분화하지 않으면 지구는 온난해져요.

2021년에는 환태평양 불의 고리가 본격적으로 활성화되어 이탈리아 에트나 화산, 인도네시아 시나붕 화산이 분화했어요. 일본은 아오모리에서 6.5강도의 지진이 일어났는데, 이것은 후지산의 분화를 재촉하고 있어요. '불의 고리'란, 지진과 화산 폭발이 자주 발생하는 지역이 띠 모양으로 연결되어 태평양을 둘러싼 것을 말해요. 바누아투를 시작으로 알래스카, 칠레로 연결돼요. 언제든 터질 수 있는 화산은 전 세계에 2,700개나 있어요.

만일 50개의 화산이 동시에 폭발하면, 화산재가 태양 빛을 막아 기온이 내려가고 날씨가 추워져 식량을 생산하는 데 문제가 생겨 굶주리는 일이 발생해요. 한편, 지구가 추워져 얼음이 늘어나면 태양 빛을 반사하는 정도가 늘어요. 그러면 지구가 열을 흡수하지 못해 더욱 추워지지요. 최근에는 북극해의 얼음이 녹아 태양 빛의 반사율이 줄어 바다가 더 더워졌어요.

열을 가두는 구름

입자의 모양과 크기, 위치, 대기 중에 존재하는 시간, 구름 속 물방울 수나 얼음 입자 수 등에 따라 구름도 지구의 온도에 영향을 미쳐요.

새하얀 구름의 표면은 햇빛을 반사해 지구의 표면이 뜨겁지 않게 해요. 반대로 지구 표면에서 반사되는 열을 가두고 그 열을 대기가 품게 하므로 지구를 온난화시키기도 하지요.

새털구름

상층 구름이라고도 하는데, 높은 곳에서 생기다 보니 추워서 얼음 알갱이로 이루어져 있어요. 이 구름은 지구에서 방출되는 열을 가두어 대기를 벗어나지 못하게 해요.

한편, 열대 태평양은 새털구름이 거의 없는 곳이에요. 구름 한 점 없는 파란 하늘로, 온실가스를 우주로 보낼 수 있지요.

이온화로 만들어진 구름

태양에서 우주 공간으로 쏟아져 나온 많은 입자는 태양풍을 타고 지구에 도착해요. 입자는 지구의 대기와 부딪쳐서 공기의 분자를 변화시켜요. 이를 '이온화된다'고 하는데, 공기 중의 수증기가 한데 엉기게 만드는 핵이 돼요. 이온화된 입자들 때문에 구름이 많아지므로 하얀 구름에 반사되어 우주로 나가는 태양 광선의 양도 많아져요. 따라서 지구의 기온이 내려가요.

태양의 활동이 약할 때는 태양풍도 약하게 부는데, 이때 우주 광선이 대기로 들어와 더 많은 구름을 만들어 내요. 태양의 활동이 활발해서 태양풍이 세게 불면, 우주 광선이 지구에 덜 닿아 구름이 적게 만들어져서 온난화 효과가 일어나요.

오존과 자외선

오존은 산소 분자 3개로 이루어진 푸른빛이 나는 기체예요. 자연 그대로의 기온, 즉 상온에서 쉽게 분해되어 산소가 돼요. 자외선이 많이 내리쬐는 높은 산, 해안, 숲에서는 상쾌한 느낌을 주지만, 그 양이 많을 때는 불쾌감을 느끼게 해요.

태양으로부터 나오는 자외선이 많아지면 대기 중에 오존이 만들어져요. 지구의 대기는 높이와 온도에 따라 대류권, 성층권, 중간권, 열권으로 나뉘는데, 땅에서부터 10~50km 사이에 성층권이 있어요. 25km 지점에는 20km의 두께로 빽빽하게 오존이 들어차는데, 이를 '오존층'이라고 해요.

오존층은 지구의 생명체를 보호하는 얇은 보호막 역할을 해요. 태양의 자외선을 흡수하지요. 만일 생물체가 자외선을 직접 쬐면 피부가 타고 피부암과 백내장이 생겨요. 몸으로 들어온 병균을 견디는 힘이 약해져 쉽게 질병에 걸리기도 해요. 또 병이 잘 낫지 않아요. 식물은 광합성 작용이 약해지고요.

오존층이 자외선을 흡수하는 덕분에 땅과 가까운 대류권에는 적은 양의 자외선만 들어와요. 이산화 탄소가 흡수하는 자외선의 양도 적어지지요. 하지만 환경 오염으로 오존층이 파괴되면 이와 반대의 현상이 일어날 거예요.

6 에너지 변환을 위한 신재생 에너지의 장단점

지구 온난화가 자연스러운 현상이라고 하더라도 분명 인간은 과거에 비해 많은 양의 이산화 탄소를 배출하고 있어요. 이산화 탄소 같은 온실가스가 배출될 때는 미세 먼지 등 인체에 해로운 물질도 나오므로 이산화 탄소를 줄이려는 노력이 필요해요.

탄소 중립

'탄소 중립'은, 이산화 탄소를 배출하는 만큼, 흡수하는 대책을 세워 이산화 탄소의 실제 배출량을 '0'으로 만드는 일이에요. 이산화 탄소를 저장할 나무를 심거나, 석탄과 석유 등의 화석 연료를 대체할 신재생 에너지를 개발하거나, 탄소 배출권을 구매하는 방법 등이 있어요.

탄소 배출권

1997년 여러 나라가 일본 교토에서 모여 의무적으로 온실가스 배출을 줄이도록 하고, 2015년 파리 기후 협약에서 매년 정해진 양의 온실가스만 배출할 수 있는 '탄소 배출권'이라는 제도를 도입했어요. 그리고 이를 효과적으로 실천하기 위해 주식 거래하듯이 탄소 배출권을 사고팔 수 있게 했어요.

허용량보다 온실가스를 많이 배출한 국가나 기업은 그만큼의 탄소 배출권을 구입해야 해요. 허용량보다 적게 배출한 국가나 기업은 남은 만큼의 탄소 배출권을 팔 수 있지요. 탄소 배출권은 국가별로 나뉘어 주어지지만, 실제로 온실가스를 배출하는 것은 기업에서 이루어지므로 국가가 배출권을 기업에 나눠 줘요. 그래서 탄소 배출권 거래는 기업들 사이에서 이뤄져요.

탄소 배출권은 배출권 거래제를 통해 탄소 배출권 거래 시장에서 사고팔며, 거래 중개인이 그 과정을 도와줘요.

배출권 거래제는 한국을 포함해 34개 국가가 도입하고 있어요. 탄소 배출권 거래에 앞장서는 곳은 유럽으로, 탄소 배출권 거래량의 90%를 차지하고 있어요. 2020년에만 2,290억 유로의 탄소 배출권이 거래됐대요. 2022년을 기준으로 한국 거래소에서는 탄소 배출권이 1t당 2만 9,000원에 거래되고 있어요.

신재생 에너지

화석 연료는 땅속이나 바닷속에 묻힌 것을 다 쓰면 더는 사용할 수 없어요. 게다가 화석 연료가 사용되는 과정에서 이산화 탄소도 배출되지요. 그래서 인류는 환경에 해가 되지 않고, 바닥나지 않는 에너지를 찾아내 사용하고자 노력해 왔어요.

전 세계는 신재생 에너지를 개발하기 위해 애쓰고 있어요. '신재생 에너지'는 신에너지와 재생 에너지를 함께 일컫는 말이에요. 신에너지는 수소 연료 전지와 같이 새롭게 등장한 에너지 수단을 뜻하며, 재생 에너지는 태양·물·지열·바람 등과 같이 자연에 존재하는 에너지를 말해요.

수소 연료 전지

수소는 화학 원소 중 하나로 H로 표기해요. 물을 화학식으로 표기하면 H_2O로, 수소 분자 2개와 산소 분자 1개로 이루어져 있어요. 전류를 보내 물을 전기 분해하면 수소와 산소로 나뉘어요. 영국의 물리학자 윌리엄 그로브는 이 과정을 반대로 하면 전기를 얻을 수 있다는 것을 알아냈어요. 즉, 수소와 산소가 만나 물을 만드는 과정에서 전기가 만들어진다는 걸 알아낸 거예요. 그는 이 원리를 이용해 1842년 세계 최초의 연료 전지인 '그로브 전지'를 만들어 냈어요.

연료 전지는 연료를 태울 필요도 없고 수소와 산소만 있으면 전기가 곧장 만들어지니, 온실가스가 배출되지 않아요.

다만, 산소는 **공기 중에** 있으므로 **물에서** 수소만 얻으면 되는데, 물을 전기 분해할 때 전기를 사용해야 하므로 비용이 많이 든다는 단점이 있지요. 전기를 얻기 위해 전기를 써야 하는 모순된 상황이 된 거예요. 현재는 비용 문제로 석유나 천연가스에서 수소를 추출해요.

수소 연료 전지는 주로 수소 자동차에 쓰여요. 배터리에 전기를 충전해서 사용하는 전기 자동차와 달리, 수소 자동차는 수소를 충전해서 자동차에 설치된 연료 전지로 직접 전기를 얻는 방식이에요. 시커먼 연기를 뿜어 대던 배기관에서는 연기 대신 물이 나오고요. 집에서도 사용하는데, 전기는 기본으로 얻고 연료 전지에서 발생하는 열은 물을 데우는 데 사용해요.

하지만 수소는 폭탄에 사용할 만큼 폭발력이 커서 많은 양을 안전하게 보관하는 게 가장 큰 문제예요. 현재 관련 기업 등에서 이 문제를 해결하기 위해 노력하고 있어요. 수소 말고도 메탄올, 에탄올, 부탄, 디젤 등을 이용한 연료 전지도 연구 중에요.

태양 에너지

태양 에너지는 태양열과 태양광으로 구분할 수 있어요. 태양열은 집열판으로 태양열을 모아 물을 끓이고 그때 나온 수증기로 발전기를 돌려 전기를 만들어요. 태양광은 여러 개의 태양 전지가 붙어 있는 태양광 집열판으로 태양 빛을 모아 전기를 만들어요.

태양은 무료이고 온실가스를 배출하지 않는 훌륭한 에너지예요. 하지만 집열판과 태양 전지를 설치하는 데 비용이 많이 들고, 겨울날 해가 덜 비출 때 에너지를 모으기 어려워요. 집열판에 먼지가 쌓여도 마찬가지예요. 장마나 태풍이 일어나면 집열판이나 태양 전지가 파괴될 가능성이 크다는 단점도 있어요.

또 다른 큰 단점이 있어요. 태양열과 태양광을 대량으로 이용하기 위해서는 해가 잘 비추는 곳에 장치를 많이 설치해야 해요. 그러려면 산이나 넓은 평지, 바다를 이용해야 하지요. 온실가스를 배출하지 않는 에너지를 얻기 위해 숲을 파괴하거나 농사를 포기해야 해요. 바다에 설치하면 바닷속으로 투과되는 태양광이 줄어들어요. 그러면 바닷속 생물에게 안 좋은 영향을 끼칠 수 있어요.

풍력 에너지

바람은 태양과 더불어 환경을 오염시키지 않는 청정에너지예요. 바람이 풍력 발전기의 날개를 돌리면, 이때 생긴 날개의 회전력으로 전기를 생산해요. 풍력 발전기는 설치하는 데 오래 걸리지 않아요. 또 전기가 전혀 들어올 수 없거나 전기 시설을 설치하는 데 비용이 많이 드는 곳에서는 풍력 발전기를 이용해 매우 경제적으로 전기를 생산할 수 있어요.

하지만 화력 발전에 비해 전기 생산량이 한참 모자라요. 석탄을 태우는 화력 발전기 1대가 500MW(메가와트)의 전기를 생산할 때, 풍력 발전기 1대는 대략 4MW를 생산해요. 화력 발전기 1개가 생산하는 전기의 양을 충당하려면 풍력 발전기를 125개나 설치해야 해요.

설치하는 데 어려운 점도 있어요. 풍력 발전기를 설치할 때는 안전사고를 막기 위해 일정 거리를 두어야 하고, 여러 개를 세울 때는 여유 거리를 두어야 하므로 대규모로 설치하려면 꽤 넓은 땅이 필요해요.

일 년 내내 바람이 부는 곳을 찾기가 힘들고, 바람이 멈출 때를 대비해 화석 연료를 이용한 비상 발전소도 설치해야 하지요. 충분한 바람을 얻기 위해 산에 설치할 때는 숲을 파괴할 수밖에 없어요. 또한, 소음이 있어 주거지에서 먼 곳에 세워야 하지요. 회전하는 날개에 부딪혀 새들이 다치거나 죽어요. 미국에서만 1년에 50만 마리의 새가 풍력 발전기의 날개 때문에 죽는다고 해요. 그중에는 희귀종도 있지요. 바람이 너무 세게 불면 풍력 발전기가 부서지기도 해요. 그래서 매년 태풍을 겪는 곳에서는 풍력 발전기가 고장 나지 않게 잘 관리해야 해요. 거대한 날개가 돌아가다 보니 마찰 때문에 불이 나기도 해요.

수력 에너지

수력 발전은 물의 힘을 이용해 발전기를 돌려 전기를 얻어요. 물을 이용하므로 온실가스가 나오지 않아 환경에 이로워요.

하지만 이를 위해서는 많은 물이 필요해서 댐을 건설해야 해요. 댐을 건설하면 댐보다 수위가 낮은 일부 지역이 물에 잠겨요. 그 결과 생태계 파괴 문제도 생기지요. 물이 잔뜩 모여 있으니 그 지역의 습도가 높아져서 기후가 바뀌어요. 수력 발전을 하는 댐이 터지기라도 하는 날엔 댐 하류는 땅의 모양이나 상태가 바뀔 정도로 완전히 쓸려 나가요. 이러한 문제를 막기 위해 자연 상태의 작은 하천이나 폭포수의 낙차를 이용한 소수력 발전을 이용하기도 해요.

수십 년간 중국은 '세계 최고'라는 이름을 붙일 만큼 거대한 댐을 여러 개 만들었어요. 이로써 수천만 명의 사람들이 다른 곳으로 옮겨가 살아야 했어요. 350개 이상의 호수가 사라졌고 자유로이 흐르던 강은 거의 남아 있지 않거나 남아 있더라도 중간에 끊기고 말았지요. 엄청난 폭우에 댐이 붕괴하기도 했어요. 도시가 물에 잠기고 수십만 명에 이르는 사람들이 죽는 등 큰 피해를 보았답니다.

청정 연료의 발견

메탄올

그동안 선박에 쓰이는 연료로 이산화 탄소 발생량이 높은 중유가 사용됐었어요. 바다에서 선박 사고가 나서 중유가 바다로 흘러 나가면 해양 오염을 일으켜 해양 생태계에 피해를 줘요. 그래서 최근에는 메탄올이 새로운 연료로 관심받기 시작했어요. 1661년에 최초로 발견된 메탄올은 1990년대까지 나무에서 추출했기 때문에 '나무 알코올'이라고 불렸어요. 냄새도 색도 없고 물에 녹아요. 화학 물질, 특수 차량, 살충제와 살균제의 원료로 사용돼요.

메탄올을 사용하면 중유를 연료로 썼을 때보다 이산화 탄소 배출량을 95%나 줄일 수 있어요. 또 메탄올은 해양 사고가 나더라도 물에 녹아 분해되기 때문에 해양 생태계에 해를 끼치지 않아요.

암모니아

한국의 조선 업체들은 암모니아를 연료로 하는 암모니아 추진선을 개발하고 있어요. 암모니아는 청소를 하지 않은 공중화장실에서 나는 고약한 냄새의 원인으로, 그동안 독성 물질로 알려져 있었어요.

2020년대 들어 암모니아는 이산화 탄소를 전혀 배출하지 않아 화석 연료를 대체할 차세대 연료로 큰 인기를 얻고 있어요. 암모니아를 이용

해서 수소를 저장하고 장거리 운송도 할 수 있거든요. 암모니아는 질소와 수소를 합성해서 만들기 때문에 이를 반대로 하면 암모니아에서 수소를 만들 수 있어요. 열대 사막 같은 곳에서 태양광으로 생산한 저렴한 전기로 물을 전기 분해해 암모니아를 만들어 이를 수소가 필요한 곳까지 배로 운반해 다시 수소로 바꾸는 것이지요.

7 **화석 연료를 대체할 연료를 찾기 어려운 이유**

유럽은 화석 연료 사용을 줄이고 신재생 에너지를 사용하는 데 앞장서고 있어요. 하지만 2021년에는 전기세를 5~7배 올려야 할 정도로 전력난에 시달렸어요. 과연 어떤 문제가 있는 걸까요?

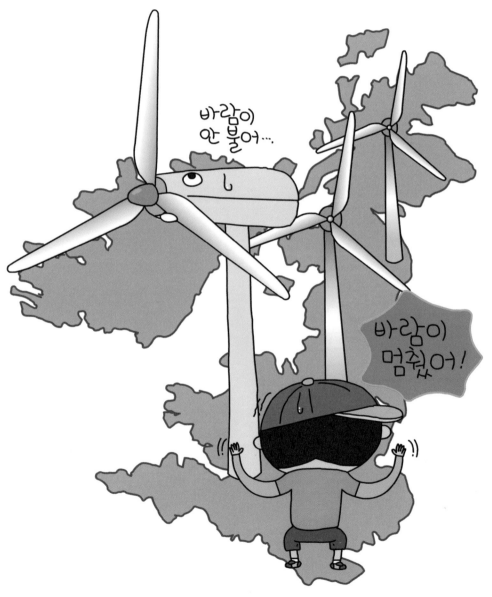

갑자기 멈춘 바람

섬나라인 영국은 사방에서 불어오는 바닷바람이 귀중한 자원이에요. 한국에서는 풍력을 이용하는 시간이 6시간뿐이지만, 영국은 12시간이나 돼요. 그래서 석탄 발전소를 없애고 풍력을 발전시키는 데 힘을 기울였어요. 2019년, 풍력으로 얻은 전기는 원자력보다도 많았고 태양광보다는 무려 5배나 더 많았어요.

이렇듯 풍력 에너지가 전체 에너지 발전에서 차지하는 비율이 높아지던 영국에서 2021년 9월 갑자기 북해의 바람이 멈춰 전기를 얻을 수 없게 됐어요. 게다가 이른 추위마저 닥쳐 전기 사용이 급증했어요. 그래서 어쩔 수 없이 전기세를 7배나 올려야 했지요.

중국은 세계적인 풍력 발전 기업을 보유하고 있는 나라답게 풍력 발전량이 세계 1위를 차지하고 있어요. 그러나 2021년 영국과 마찬가지로 바람이 불지 않아 풍력 발전기가 멈추고 말았어요. 2022년 동계 올림픽을 위해 깨끗한 베이징의 하늘을 보여 주고자 화력 발전을 멈추고 풍력 발전기를 더 많이 세웠는데, 바람이 멈춘 거예요.

해가 진 이후의 태양광 발전

2021년 여름에 정전이 많이 발생한 미국의 캘리포니아주는 원래 천연가스 발전소가 많았어요. 하지만 지구 온난화를 걱정한 환경 단체들의 반발로 천연가스 발전소를 없애고 태양광 발전소를 많이 늘렸어요.

태양광은 저녁 6시가 넘어 해가 지면 전기를 생산할 수 없어요. 그런데 무더위에 생산된 전기를 모두 써 버리자 정전 사태가 벌어졌어요. 만일 천연가스 발전소를 남겨 두었다면, 정전이 되지 않았을 거예요.

조심스러운 원자력 에너지

우라늄이나 플루토늄 같은 방사능 물질의 원자핵을 깨뜨릴 때 에너지가 나오는데, 이것을 이용한 것이 원자력이에요. 1kg의 우라늄에서 얻을 수 있는 에너지가 석탄 300t에서 얻을 수 있는 에너지와 비슷해요. 그러나 원자력 발전 후에 나오는 핵폐기물에서 방사성 물질이 나오므로 이것을 안전하게 처리해야 하는 문제가 있어요.

특히 2011년, 일본에 지진이 일어나 후쿠시마 원전 사고로 엄청난 피해를 보았던 탓에 전 세계는 원자력의 위험성을 심각하게 받아들이고 원자력 에너지 사용을 줄여 나갔어요.

가뭄이 부른 정전

미국의 캘리포니아주는 지중해성 기후부터 고산 기후, 사막 기후까지 모두 나타나는 독특한 지형을 가지고 있어요. 해안가 지역은 지중해성 기후로 여름철에 건조해요. 중남부 지역은 강수량이 매우 적어 주기적으로 가뭄을 겪어요. 물줄기가 시작되는 곳도 없어서 언제나 물이 부족한 캘리포니아는 수력 발전을 하지 못해 대규모 정전이 여러 차례 일어났어요. 특히 2000년에 일어난 정전은 이듬해까지 이어져 전기를 마음대로 쓸 수 없었어요.

당시 석탄, 원유, 천연가스, 핵 발전소에 대한 반대로 12년 넘게 새 발전소를 짓지 못하고 있었어요. 그런데 가뭄이 일자 수력 발전소에서 전기를 생산할 물이 부족했던 거예요. 학교의 전기가 나가고 신호등이 꺼졌어요. 컴퓨터가 먹통이 되고 엘리베이터가 멈췄지요. 논밭에 물을 대는 시설이 멈추면서 작물들이 말라 죽었어요. 항공, 전자 등 정밀한 기계를 생산하는 기업들은 부품에 먼지가 들어가지 않게 관리하는 클린룸이 멈추는 바람에 경제적으로 어마어마한 손실을 보았어요.

에너지의 무기화

중국의 전력난

2021년 중국은 호주가 중국의 자존심을 건드리는 발언을 했다는 이유로 석탄, 철광석 등의 수입을 금지했어요. 중국에서도 석탄을 생산하고 있었지만, 효율이 낮아 호주에서 석탄을 수입하고 있었거든요.

중국은 태양광과 풍력 발전량이 세계 1위이고, 수력 발전소도 많이 세웠어요. 하지만 땅도 넓고 인구도 많고, 세계의 공장이라 할 만큼 다른 나라에서 세운 공장들도 많아요. 물론 원자력 발전소도 많이 지었지만, 냉각수 문제 때문에 바다에서 먼 육지에는 따로 전기를 공급해야 해서 석탄 에너지에 많이 의존할 수밖에 없었어요. 그 결과 중국은 이산화 탄소 배출 1위 국가가 됐어요. 이에 2060년까지 탄소 중립을 하겠다고 큰소리치고는 석탄 생산을 줄여 버렸어요. 그런데 기대했던 풍력 발전이 제 기능을 하지 못했어요. 수력 발전은 지난 폭우로 발전용 댐들을 부순 데다 가뭄까지 들어 전기를 많이 생산하지 못했어요.

다른 곳보다 겨울이 더 일찍 찾아온 동북 3성 지역에서 전기 사용량이 늘고 그곳의 풍력 발전이 멈추자 중국 정부는 전기 사용을 제한했어요. 신호등이 꺼지고 엘리베이터가 멈추었어요. 양초는 동이 났고, 물도 사용할 수 없었어요.

중국은 서둘러 석탄을 캐고 몽골과 인도네시아 등에서 부랴부랴 수입하기도 했지만, 호주의 석탄만큼 품질이 좋지 않아 많은 양의 석탄을 써도 원하는 만큼의 전기를 얻지 못했어요. 게다가 석탄 생산지에 폭우가 내려 탄광이 물에 잠겨 버렸어요. 공장들도 일주일에 며칠씩 가동을 멈춰야 할 정도로 전력난이 더욱 심해졌어요. 호주 경제에 혼란을 주려 했지만, 도리어 중국이 스스로 발등을 찍고 말았어요.

유럽의 전력난

중국에는 해외 기업들이 많이 진출해 있고, 주요 부품들을 생산하는 공장도 많아요. 전력난에 공장이 멈추니 전 세계가 각종 제품을 생산하는 데 차질이 생겼어요. 전 세계 경제에 빨간 경고등이 켜졌어요.

또 중국이 석탄을 구하는 데 애를 먹자, 석탄을 비롯한 석유, 천연가스 등 화석 연료의 가격이 오르기 시작했어요. 인도는 세계에서 4번째로 석탄 매장량이 많지만, 장마가 이어지는 우기에 접어들어 석탄을 캐내는 데 차질을 빚었어요. 이에 화석 연료의 가격은 더욱 비싸졌어요.

독일을 비롯한 프랑스 등의 유럽 국가는 원자력 발전을 줄이는 대신 천연가스에 많이 의존해 왔어요. 천연가스는 석탄이나 석유보다는 이산화 탄소를 적게 배출하거든요. 또 영국과 전력망이 연결되어 있어 전기를 수입해 왔는데, 영국의 풍력 발전에 문제가 생기자 천연가스와 석탄 발전소를 다시 가동할 수밖에 없었어요. 하지만 이미 석탄, 천연가스 가격이 너무 많이 올라 버린 거예요.

이런 상황에서 러시아는 갑자기 유럽에 판매해 오던 천연가스 공급을 막았어요. 러시아가 크림반도를 강제로 합병해서 유럽의 여러 나라와 사이가 좋지 않았는데, 천연가스를 무기 삼아 러시아에 유리하도록 상황을 이끌어 가려고 했기 때문이죠.

당시에는 이 일이 오래 가지 않았지만, 2022년 2월 24일 러시아는 우크라이나에 쳐들어가 전쟁을 벌였어요. 미국과 유럽을 비롯한 많은 국가가 러시아가 일으킨 전쟁에 반대하며 러시아 경제에 영향을 끼치기 시작했어요. 러시아는 이에 대항해 유럽 여러 나라에 공급하던 천연가스를 차단해 버렸어요. 정말로 천연가스가 무기가 된 거예요. 이에 유럽 국가들은 천연가스를 구입하는 데 애를 먹고 다시 화력 발전소와 원자력 발전소에 의지하게 됐어요.

다시 관심받는 원자력

프랑스는 전력난으로 국민의 불만이 높아지자, 원자력 발전소를 다시 가동할 것을 선언했어요. 특히 폐기물을 재사용하는 소형 원자로를 개발하여 안정적으로 에너지를 공급하기로 한 것이죠. 원자력은 사고가 나면 재앙 수준으로 위험하지만 다른 발전소보다 더 많은 양의 전력을 생산할 수 있고, 이산화 탄소도 배출하지 않아요.

소형 원자로는 대형 원전보다 크기도 작고 발전 용량도 적지만, 10만 명이 사는 도시에 필요한 전기를 충당할 수 있어요. 바닷물을 생활용수로 만들 수 있는 에너지원으로 쓰여 하루 4만 통의 물을 생산할 수도 있어요. 그래서 물을 구하기 힘든 넓은 사막을 가진 중동에서 관심이 많지요. 수소도 생산할 수 있어요. 건설 기간이 짧아 비용이 적게 들어요. 핵연료도 대형 원전은 18개월마다 교체해야 해서 폐기물이 자주 나오지만, 소형 원전은 최대 20년간 사용할 수 있어요. 전력이 끊기더라도 중력의 힘으로 냉각수를 공급해서 비교적 안전해요.

대형 원전에서는 핵 분해 시 뜨거워진 원자로를 냉각수로 식혀 일정한 온도를 유지해야 해요. 만일 원자로를 냉각시키지 못하면 2011년 후쿠시마 원자력 발전소 폭발 사고 같은 일이 벌어져요. 냉각수만 충분히 공급할 수 있다면 바다가 아니어도 지을 수 있지만, 대체로 바다가 유리한 까닭에 원자력 발전소를 바다 가까운 해안에 짓는답니다.

냉각수 문제가 크지 않은 소형 원자로는 육지에도 지을 수 있어요. 물론 대형 원전과 마찬가지로 폐기물 처리 문제 같은 위험성은 항상 존재해요.

하지만 꾸준히 충분한 전력을 확보하는 게 중요하므로 유럽을 비롯한 전 세계는 신재생 에너지를 원활하게 사용하는 단계에 이르기 전까지 원자력을 이용할 것으로 보여요.

서두르면 될 것도 안 돼

지구의 평균 온도가 섭씨 2℃ 이상 오르는 것을 막기 위해 신재생 에너지 시설을 설치하려면 최소한 18조 달러가 필요하다고 해요. 한국 돈으로는 2경 984조 4,000억 원이에요. 어마어마한 돈이죠. 설치 기간도 20년 이상 걸리고요. 기후 전문가들은 기후 변화가 5~10년 사이에 재앙 수준으로 나빠질 것이라고 하지만, 그게 사실인지는 지구만이 정확히 알 거예요.

그렇다고 지구에 물어볼 수도 없고, 돈과 시간이 많이 든다고 신재생 에너지 시설을 설치하는 걸 포기할 수도 없지요. 하지만 너무 서둘러서도 안 돼요. 유럽이나 중국의 사례만 봐도 태양광이나 풍력 같은 재생 에너지는 날씨가 도와주지 않으면 더 큰 문제가 생기니까요.

아무리 과학이 발달했어도 화석 연료를 포기하려면 더 안정적으로 에너지를 확보하도록 꼼꼼하게 신경 써야 해요.

8 진짜로 우리가 할 수 있는 것들

단순히 화석 연료를 사용하는 것 외에 우리는 알게 모르게 이산화 탄소를 배출해요. 정말 놀랍죠? 더 놀랄 일은 우리가 이산화 탄소를 줄이는 데 도울 수 있는 일도 많다는 거예요. 의외로 쉽고 간단하지요.

에너지 아끼는 집 짓기

유리창을 이중창으로 하면 약 20%의 에너지를 절약할 수 있고, 실내 온도를 1℃만 낮춰도 약 7%의 에너지를 아낄 수 있다는 걸 아나요?

우리는 발전된 기술력으로 에너지의 낭비를 줄이는 건축물을 지을 수 있어요. 화석 연료를 거의 사용하지 않고 실내 온도를 유지할 수 있는 이런 건물을 '패시브 하우스'라고 해요. 에너지를 펑펑 사용해서 집을 따뜻하게 하는 게 아니라 집 안의 온기가 새어 나가지 않게 하는 공법을 써요. '패시브(Passive)', 즉 소극적으로 에너지를 사용한다는 뜻이에요.

패시브 하우스는 독일을 중심으로 유럽에서 퍼져 나가고 있어요. 독일의 도시 중 하나인 프랑크푸르트는 2009년부터 모든 건물을 패시브 하우스 형태로 설계해야만 지을 수 있답니다.

또 건물 내에서 사용하는 에너지의 양과 건물에서 생산하는 에너지의 양을 합해 '0'이 되는 '제로 에너지 빌딩'도 있어요. 에너지 효율성을 최대로 끌어내고 신재생 에너지 설비를 갖춰 외부로부터 에너지를 공급할 필요가 없어요. 제로 에너지 빌딩을 지으려면 최고의 단열 기술과 신재생 에너지 기술이 필요해요. 기술이 더 좋아지면 이런 건물이 많아질 거예요.

전기를 조금 써서 밝은 빛을 내는 LED 조명

필라멘트에 전류가 흐르면서 빛이 나는 백열등은 100년이 넘도록 어둠을 밝혔어요. 하지만 에너지 효율이 낮아 전기를 많이 사용하게 돼요. 2005년에 불을 밝히기 위해 사용한 에너지가 인류가 소모하는 전체 에너지의 5분의 1이나 된다는 것을 알게 됐어요. 그래서 전 세계적으로 더는 백열등을 사용하지 않기로 했어요.

유럽은 2009년부터 한국은 2014년부터 백열등 대신 LED 조명을 사용하고 있어요. LED는 전기를 빛으로 바꾸는 효율이 높으므로 최대 90%까지 에너지를 아낄 수 있답니다.

쓰레기를 에너지 자원으로

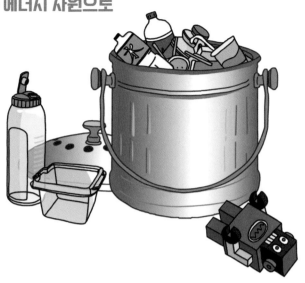

쓰레기는 해마다 쌓이고 또 쌓여요. 특히 플라스틱 쓰레기는 썩지도 않고 불에 태우면 몸에 해로운 연기가 나와요. 그래서 함부로 태울 수도 없어요. 많은 국가가 쓰레기로 골치를 앓고 있지요. 다행히 기술이 발전해 쓰레기도 재활용할 수 있어요. 오래된 건물을 부수면 시멘트 쓰레기가 나오는데, 시멘트의 주원료인 석회석을 제외한 나머지 원료들을 재활용하거나 연료로 쓸 수 있어요.

가정에서 많이 발생하는 폐플라스틱이나 폐비닐은 시멘트를 재활용할 때 필요한 연료로 쓰여요. 연료를 많이 쓰는 석탄 대신 폐플라스틱을 태우면 쓰레기도 없애고 연료도 얻을 수 있어요. 물론 폐플라스틱도 태우면 이산화 탄소가 배출돼요. 이산화 탄소뿐만 아니라 해로운 가스의 배출량도 줄이는 소각장을 갖추는 게 중요해요.

오래도록 입는 옷

옷을 만들 때도 온실가스가 배출돼요. 옷을 만드는 섬유에 폴리에스터를 넣는데, 이 폴리에스터를 만들기 위해 화석 연료가 사용돼요. 폴리에스터가 포함된 옷 한 벌을 생산하는 데 면섬유보다 3배나 많은 이산화 탄소가 배출돼요.

사람들은 우스갯소리로 '옷은 많은데 입을 옷이 없다.'라며 계절마다 해마다 유행 따라 옷을 사요. 그리고 시간이 지나면 촌스럽다는 둥, 스타일이 바뀌었다는 둥 여러 이유로 옷을 버려요. 버려진 옷들은 불에 태워지거나 땅에 묻히거나 개발 도상국에 보내져요. '구제 옷', '빈티지'라는 이름으로 재활용되기도 하고 새롭게 디자인하거나 수선하는 '업사이클' 되기도 하지만 그런 경우는 드물어요.

저렴하게 팔아도 되지만 브랜드의 가치가 떨어진다는 이유로 팔리지 않은 새 옷도 불에 태워져요. 2019년만 해도 매일 약 900t의 폐섬유가 태워지고 땅에 묻혔어요. 옷을 태울 때는 이산화 탄소와 다이옥신 같은 유해 물질이 공기 중으로 퍼져 나가요.

이 문제를 해결하기 위해 의류 업계에서는 버섯이나 파인애플 같은 식물성 원료를 활용하거나 헌 옷을 가져다주면 보상하는 등의 방법을 내놓고 있어요. 하지만 의류 회사들은 돈을 벌기 위해 해마다 새로운 디자인의 제품을 생산해요. 새 옷을 태울 정도로 많이 생산하지 않는

다면 좋겠지만, 그렇게 하지 않지요.

우리가 유행에 신경 쓰지 않고, 옷을 물려 입거나 물물 교환과 중고 거래 등을 통해 옷을 계속 활용한다면 환경을 지키는 데 도움이 될 거예요.

산불 조심

2021년 튀르키예를 시작으로 그리스, 이탈리아, 이스라엘, 스페인, 북마케도니아, 알바니아 등 남부 유럽에 어마어마한 산불이 일어났어요. 튀르키예는 21개의 도에서 240건의 산불이 일어나 8명이 죽고 200명이 넘게 다쳤어요. 에비아섬은 그리스에서 두 번째로 큰 섬인데, 섭씨 45℃를 넘는 더운 날씨 탓에 일주일이 넘도록 화재를 진압하지 못했어요. 섬 주민 전체가 배를 타고 탈출해야 할 만큼 엄청난 산불이 었는데, 서울 면적의 3분의 2에 달하는 숲이 모조리 타 버렸어요. 조사 결과, 사람이 불을 질렀고 매우 덥고 건조한 날씨가 불을 크게 키웠다는 게 밝혀졌어요.

브라질에서는 경제 발전이라는 목표 아래 농사짓고 소에게 먹일 풀을 키울 땅을 확보하고 금광을 개발하기 위해 아마존 숲에 일부러 불을 지르는 일이 빈번하게 일어나고 있어요. 일일이 거대한 나무를 베는건 힘도 돈도 많이 들기 때문에 쉽게 나무를 제거하려고 불을 지르는 것이지요. 아마존은 '지구의 허파'라고 불릴 만큼 지구 환경에 아주 중요한 곳이에요. 3년이 채 안 되는 동안 축구 경기장 330만 개에 달하는 면적의 아마존 숲이 파괴됐어요. 2021년 한 해만 따져봤을 때 1초당 18그루의 나무가 사라졌대요.

103

나무 많이 심기

식물은 광합성을 하지요. 광합성은 식물이 흡수한 이산화 탄소와 빛 에너지를 이용해 뿌리로 빨아들인 물을 분해해서 성장에 필요한 양분과 산소를 만들어 내는 과정이에요. 따라서 이산화 탄소를 줄이려면 나무와 꽃을 많이 심으면 돼요. 그런데 나무를 더 많이 심어도 부족한 지금, 인간들은 욕심 때문에 나무를 마구잡이로 베어 내고 불에 태워요.

중국은 인구도 많지만, 빈집도 많아요. 중국 전역에서 짓기만 하고 사람이 살지 않은 아파트가 최소 3,000만 가구로 약 8,000만 명 정도가 거주할 수 있다고 해요. 8,000만 명은 남북한의 인구를 합한 수치보다도 많고, 독일 전체 인구와 비슷해요. 최대 1억 가구가 빈집으로, 2억 6,000만 명이 살 수 있을 정도라고 예측하기도 해요.

이렇게 많은 아파트가 지어진 땅에 나무를 심어 푸르게 가꿨다면 어땠을까요? 지구의 공기는 더 좋아지고 지구 온난화를 걱정할 필요가 없지 않았을까요? 더는 숲이 훼손되지 않도록 막고 빈 땅에 공장을 세우거나 빈집이 될 아파트를 짓는 대신 나무를 더 많이 심어야겠어요.

9 더 생각해 볼 문제

당장이라도 이산화 탄소를 줄여야 지구가 시원해져서 기후 변화가 더는 일어나지 않을 것처럼 여기저기서 말하지요. 과연 이산화 탄소만 줄이면 해결되는 걸까요? 우리가 놓치고 있는 또 다른 문제는 없는 걸까요?

컴퓨터 시뮬레이션의 한계

지구 온난화가 인간의 탓이라고 결론을 내린 과학자들은 '컴퓨터 시뮬레이션'을 통해 미래의 날씨와 기후가 어떨지, 또 이와 관련하여 어떤 일이 일어날지 예측해요. 컴퓨터로 진짜 지구와 같은 또 다른 지구를 재현해 어떤 일이 일어나는지 관찰하는 것이지요.

컴퓨터는 사람보다 계산을 빠르고 정확하게 하지만, 무엇을 어떻게 계산할지는 사람이 일일이 정해 줘야 하지요. 또 숫자 0과 1만 이용하는 이진법으로 법칙을 만들고 계산하고 저장하는 기계이므로 많은 것을 숫자로 표기해야 해요. 그래서 최대한 정확하게 지구의 상태를 컴퓨터에 옮겨 놓는다 해도 입력하는 수치가 정확하지 않으면 엉뚱한 결과를 얻을 수 있어요. 예를 들어 구름을 만드는 요소인 물방울도 구름마다 그 개수가 다르지요. 실제로 사람이 구름으로 들어간다고 해도 물방울이 몇 개인지 알 수 없지요. 컴퓨터에 수치를 입력할 때 실수할 수도 있어요. 또 기후를 연구하는 사람마다 계산 방법을 달리하기도 하고요.

슈퍼컴퓨터가 해가 다르게 발달하고 있지만, 당장 오늘의 날씨조차 틀리는 경우가 잦아요. 그러므로 기후에 영향을 끼치는 모든 요소를 하나도 빼놓지 않고 정확한 수치를 알아내지 않는 한, 미래의 기후를 예측하는 건 정말로 어려워요. 기후는 아주 복잡하고, 아무리 슈퍼컴퓨터라고 해도 정확하지 않으므로 '컴퓨터 시뮬레이션'의 결과를 100% 확신할 수는 없어요.

태양광 에너지 사용의 함정

태양광 발전은 여러 개의 태양 전지가 붙어 있는 태양광 집열판(패널)을 이용해요. 태양광 집열판은 태양 에너지를 모으는 아주 중요한 부품이지요. 중국은 태양열 집열판 생산국 1위예요. 가격이 저렴해서 많은 국가가 중국에서 태양열 집열판을 수입하고 있지요. 콜롬비아 같은 경우는 태양열 집열판을 만드는 회사가 없어서 중국을 비롯한 독일, 폴란드 등에서 수입해요. 한국도 태양열 집열판을 생산하고 있지만, 중국 제품의 가격이 저렴해서 절반 가까이는 중국산을 사용하고 있어요.

그런데 중국은 이 집열판을 만들기 위해 석탄을 에너지로 쓰고 있어요. 전력난을 피하기 위해 태양광 에너지를 더 모아야 하고, 그러면 태양열 집열판을 더 생산해야 하고, 결국 석탄 생산을 늘려야 하지요. 태양광 집열판을 중국으로부터 수입하는 것은 이산화 탄소를 뿜어내는 석탄 사용을 늘리는 일이나 마찬가지예요.

로켓이 내뿜은 수증기와 열

2022년 6월에 누리호 2차 발사에 성공하고, 8월에는 한국 최초의 달 탐사선 '다누리'마저 성공적으로 쏘아 올림으로써 한국은 7대 우주 강국으로 우뚝 섰어요.

"3, 2, 1, 0!" 카운트다운이 끝나면 하얀 연기가 뭉게뭉게 피어오르고 로켓이 뻘건 불꽃을 내뿜으며 하늘을 뚫을 듯이 날아올라요. 로켓 안에서 연료를 태워 구멍을 통해 가스를 배출하면 그 반동으로 로켓이 힘차게 나아가지요. 로켓 연료로는 고체와 액체가 있는데, 고체 연료는 불이 붙으면 발사를 멈출 수 없다는 단점이 있어서 대개 액체 연료를 사용해요. 액체 연료는 환경에 해롭지 않은 물질로 되어 있어요.

그러나 발사할 때는 불꽃과 하얀 수증기가 엄청나게 피어오르지요. 과연 3,000℃에 이르는 불꽃의 열기와 어마어마한 양의 수증기가 날씨에 아무런 영향을 끼치지 않을까요? 2000년 기준, 지구 주위를 떠도는 인공위성의 개수는 무려 3,372개나 돼요. 지구 궤도를 2~3일간 돌아보는 저궤도 우주여행도 이미 시작됐어요. 2021년 1월부터 10월까지 106회나 우주 발사체가 발사됐어요. 1957년 러시아가 최초의 인공위성인 스푸트니크 1호를 우주에 쏘아 올린 이래로 유인 우주선과 무인 우주선, 발사에 실패한 무수한 우주 발사체 등이 내뿜은 수증기와 열은 어떻게 됐을까요?

원자 폭탄과 핵 실험

원자 폭탄이 실제로 사용된 건 미국이 1945년 8월에 일본 히로시마와 나가사키에 떨어뜨린 '리틀보이'와 '팻맨'뿐이지요. 그러나 같은 해 7월 16일, 미국이 뉴멕시코주의 한 사막에서 세계 최초로 원자탄 폭발 실험을 실시한 이래로 1998년까지 2,053번의 핵 실험이 있었어요.

1968년, 지하를 제외한 대기권 내, 우주 공간, 수중에서의 핵 실험이 금지됐어요. 그전까지 매년 약 27회, 전 세계에서 488회의 핵실험이 실시되었어요. 핵무기가 터지면 모든 전자기파와 복사열이 강하게 뿜어져 나와요. 순간적으로 1억 8,000만°C나 오르지요. 핵폭발이 일어날 때 생기는 버섯구름으로 천둥이 치거나 방사성 물질이 섞인 소나기가 내리기도 해요.

지금은 지하 핵 실험만 허락되어 더는 공중 핵 실험은 하지 않지만, 과거에 한 실험이 지금의 기후 변화에 영향을 끼치지 않았을까요? 전자기파와 방사성 물질이 지하에서 새어 나와 변덕스러운 날씨를 만드는 건 아닐까요? 지하 핵 실험으로 발생한 지진이 화산 활동을 부추겨서 마그마와 화산재를 뿜어내게 만든다면, 앞으로는 한랭화를 더 걱정해야 하는 건 아닐까요? 러시아가 일으킨 우크라이나와의 전쟁, 소말리아·시리아·예맨 등의 내전에 사용되는 미사일, 폭탄 등이 발사될 때 분출되는 물질은 날씨에 아무런 영향을 끼치지 않을까요?

인공 강우

인공 강우란, 인공적으로 비를 내리게 하는 것으로, 기상을 인위적으로 조작하는 일이지요. 구름 씨앗이 될 만한 화학 물질을 대기 중에 뿌려 수증기가 물방울이 되게끔 해서 비를 내리게 하는 방법이에요. 가뭄에 대처하고 화재를 진압할 때, 한국이나 중국처럼 미세 먼지를 줄일 때 인공 강우를 내리게 해요. 연평균 강수량이 100mm뿐인 아랍에미리트는 2019년부터 최근까지 850여 차례에 걸쳐 인공 강우 실험을 했어요.

인공 강우는 화학 물질을 뿌려서 억지로 비가 내리게 하므로 다른 지역의 공기가 품고 있는 수분을 사라지게 할 수 있어요. 다시 말해 다른 지역에 내릴 비를 끌어다 쓰는 셈이지요.

실패한 인공 강우 실험의 영향으로 구름 씨앗이 비가 많이 내리는 지역으로 흘러가서 폭우가 내리는 건 아닐까요? 다른 지역에 내릴 비를 끌어다 쓰는 바람에 가뭄이 전혀 없던 곳에 물이 마르는 일이 생기는 건 아닐까요? 지구 스스로 열과 에너지를 골고루 순환시키고 있는데, 사람이 무분별하게 날씨를 조작한 탓에 지구 전체의 균형이 깨진 건 아닐까요?

지구 온난화와 기후 변화의 원인이 이산화 탄소뿐일까요? 여러분의 생각은 어떤가요?

기후 관련 상식 퀴즈

01 '기상'이란 매일 시시각각 달라지는 날씨의 상태를 뜻해요. (○, ×)

02 지구 표면의 온도가 오르는 것과 기후의 변화는 아무 관계가 없어요.
(○, ×)

03 수증기를 잔뜩 머금은 비구름이 공기의 흐름을 따라 서쪽에서 동쪽으로
강물 흐르듯이 흘러가며 비를 퍼붓는 현상을 .... 이라고 해요.

04 온실 효과를 일으키는 온실가스가 대기 중에 많아져 지구의 온도가 점점
올라가는 현상을 .... 라고 해요.

05 대표적인 온실가스로는 .... 가 있어요.

06 비가 많이 내려도 해수면은 높아지지 않아요. (○, ×)

07 증발은 .... 가 .... 로 변하는 현상이에요.

08 .... 은 수증기가 모여 아주 작은 물방울이 하늘에 떠 있는 거예요.

09 '기압'은 지구상에서 대기의 무게 때문에 생기는 압력을 뜻해요.
(○, ×)

10 소나기구름이라고도 부르며 산이나 탑 모양을 한 구름을 .... 이
라고 해요.

11 태풍은 발생 지역이 달라도 늘 같은 이름으로 불려요. (○, ×)

12 지구 온난화의 가장 큰 원인으로 산소와 탄소가 지목되고 있어요.
(○, ×)

13 이산화 탄소가 자외선을 흡수했다가 내보내는 과정에서 지구를 데우는
것을 .... 라고 해요.

14 이산화 탄소의 발생량이 높아진 건 풍차와 물레방아를 사용하기 시작했

을 때부터예요. (○, ×)

15 이산화 탄소는 탄소 원자 한 개와 산소 원자 두 개로 이루어진 화합물이에요. (○, ×)

16 천연가스는 바람, 태양 등과 같은 자연 에너지로 화석 연료처럼 이산화 탄소를 배출시키지 않아요. (○, ×)

17 이산화 탄소가 물에 녹은 것을 ....이라고 해요.

18 하나의 작은 사건이 사슬처럼 이어져 나중에는 예상하지 못한 엄청난 결과를 일으킬 수 있다는 것을 ....라고 말해요.

19 지구가 주기적으로 온난화와 한랭화를 반복하는 걸 '밀란코비치 사이클'이라고 해요. (○, ×)

20 자전축의 기울기는 항상 고정되어 있어서 늘 일정한 양의 태양열을 받아요. (○, ×)

21 화산이 분화하면 작은 먼지 알갱이들이 하늘을 뒤덮고 태양 빛을 반사해 지구 표면에 전달되는 에너지가 줄어들어요. 이를 .... 효과라고 해요.

22 지구의 생명체를 보호하는 얇은 보호막으로, 태양의 자외선을 흡수하는 이것을 ....이라고 해요.

23 ....은 이산화 탄소를 배출하는 만큼, 이산화 탄소를 흡수하는 대책을 세워 이산화 탄소의 실제 배출량을 0으로 만드는 일이에요.

정답
01 ×   02 ×   03 대기의 강   04 지구 온난화   05 이산화 탄소   06 ○   07 액체, 기체
08 구름   09 ○   10 적란운   11 ×   12 ×   13 온실 효과   14 ×   15 ○   16 ×
17 탄산   18 나비효과   19 ○   20 ×   21 우산   22 오존층   23 탄소 중립

기후 관련 단어 풀이

기상 이변 : 지난 30년 동안과 아주 다르게 나타난 기상 현상.

기압 : 지구상에서 대기의 무게로 누르거나 미는 힘, 대기압이라고도 한다.

기온 : 공기의 온도. 땅의 표면으로부터 1.5m의 높이에서 측정한다.

기후 : 일정한 장소에서 매일 달라지는 날씨를 여러 해 동안 살펴서 비, 눈, 바람, 기온 등의 평균을 나타낸 것.

대기 : 우주에 존재하는 모든 물체인 행성, 위성, 혜성, 인공위성 등의 표면을 둘러싼 기체.

대기의 강 : 열대 태평양 바다 위에 생긴 거대한 수증기가 강물이 흐르듯 기다란 띠 모양으로 이동하는 현상. 육지에 이르러 집중적으로 비를 쏟아내 홍수를 일으킨다.

대류권 : 지구를 둘러싼 공기층을 일정 높이마다 달라지는 온도 변화에 따라 구분한 것 중 가장 최하층을 말한다. 구름, 비 같은 날씨 변화가 있다.

방사능 : 라듐, 우라늄, 토륨 같은 특수한 물질이 내뿜는 강력한 힘.

방사선 : 방사능을 가진 원소가 붕괴하면서 내뿜는 에너지의 흐름. 흔히 방사능 물질이 공기 중에 노출되면 대기권에 있는 물질과 충돌해 방사선을 뿜어낸다. 몸속을 촬영하는 데 쓰이는 X선, 살균에 쓰이는 감마선 등이 방사선이다.

분자 : 물질의 기본 특성을 가진 가장 작은 단위인 원자가 2개 이상 강하게 결합된 상태.

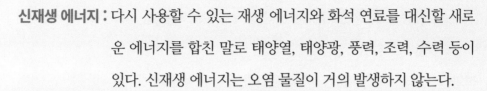

신재생 에너지 : 다시 사용할 수 있는 재생 에너지와 화석 연료를 대신할 새로운 에너지를 합친 말로 태양열, 태양광, 풍력, 조력, 수력 등이 있다. 신재생 에너지는 오염 물질이 거의 발생하지 않는다.

열에너지 : 기계 등을 움직이게 하는 힘 가운데 물체의 온도와 관련된 것으로, 뜨거운 물체일수록 열에너지를 많이 가지고 있다.

온도 : 따뜻하거나 차가운 정도를 나타내는 말.

온실가스 : 대기 중에 포함되어 있으면서 지구의 표면에서 우주로 달아나는 열을 가두어 지구를 온실처럼 만드는 기체를 말한다. 지구의 대기를 오염시키는 이산화 탄소, 메탄, 프레온 가스뿐만 아니라, 수증기도 중요한 온실가스 중 하나이다.

우주광선 : 폭발한 별에서 쏟아진 높은 에너지를 가진 입자들이 다발로 날아오는 흐름. 우리 은하계가 아닌 아주 멀리 떨어진 외계 은하계에서 온다고 한다.

원자 : 화학 반응으로 더는 쪼갤 수 없는 가장 작은 알갱이. 지름은 100억 분의 1m 정도로 매우 작다.

원자핵 : 원자의 중심에 있는 것으로, 전기 현상을 일으키는 (+)전하를 띤다. 원자핵 주변에는 (−)전하인 전자가 움직이고 있다.

입자 : 거의 눈에 보이지 않을 정도의 작은 물체를 뜻하는 말로, 우리말로는 '알갱이'라 한다. 원자, 전자, 분자, 양성자, 중성자 등과 함께 쓰여 낱낱의 뜻이 강하다.

자외선 : 빛의 스펙트럼에서 가시광선의 보라색 바깥쪽에 있는 빛으로 파장이 가시광선보다 짧다. 자외선은 박테리아나 바이러스를 죽이는 살균

작용을 할 뿐만 아니라 우리 몸에 필요한 비타민 D를 만들어 내는 역할을 한다.

적외선 : 빛의 스펙트럼에서 가시광선의 빨간색 바깥쪽에 있는 빛. 햇빛을 받았을 때 따뜻하게 느껴지므로 '열선'이라고도 한다. 전열기, 치료기, 센서로 이용된다.

지구 온난화 : 이산화 탄소 같은 온실 가스가 지구에 스며든 태양열을 우주 공간으로 나가지 못하게 가두어 지구의 평균 기온이 올라가는 일.

천연가스 : 석유나 석탄을 캘 때 함께 나오는 가스. 주로 연료로 쓰인다.

추출 : 여러 물질이 혼합된 고체나 액체로부터 특정 성분을 뽑아내는 것.

컴퓨터 시뮬레이션 : 컴퓨터를 사용하여 실제 환경과 비슷한 모형, 문제 현상 등을 만들고 재현함으로써 그에 대한 해결 방법을 찾거나 의사 결정을 돕는 방법.

태양 광선 : 태양에서 나오는 빛의 줄기로 적외선, 가시광선, 자외선 등이 있다.

태양 복사 에너지 : 태양에서 뿜어져 나오는 빛과 함께 지구로 곧바로 전달되는 열에너지. 중간에 다른 물질의 도움 없이 열이 이동하는 방법을 '복사'라고 하는데, 복사 에너지 또는 복사열은 부딪친 물체에 반사되거나 흡수된다.

태양광 : 태양에서 나와 지구에 도달하는 빛.

태양 에너지 : 태양으로부터 나오는 모든 종류의 에너지. 태양과 지구 사이가 아주 멀고, 우주는 진공에 가까우므로 지구에 도달하는 것은 대부분 복사 에너지이다.

태양열 : 태양에서 나와 지구에 이르는 열. 지구 대기에 부딪혀 흩어지거나 반

사되거나 흡수되어 실제 태양이 내는 열보다 매우 적다.

태양풍 : 태양의 표면에서 강력한 폭발이 일어나면서 전기 현상을 일으키는 전
하 입자가 한꺼번에 쏟아져 나오는 흐름.

해류 : 지구의 자전과 바람 등의 이유로 바다가 일정한 방향과 속도로 흐르는
것. 위도가 높은 곳으로 흐르는 '난류'와 위도가 낮은 곳으로 흐르는 '한
류'가 있다.

해수면 : 바닷물의 표면.

화석 연료 : 먼 옛날 지구상에 살았던 생물이 죽은 후 땅속에 묻혀 있다가 오랜
시간에 걸쳐 온도와 압력의 변화로 만들어진 에너지 자원. 석탄,
석유, 천연가스 등이 있다.

효율 : 기계가 한 일의 양과 그 일에 필요한 에너지와의 비율.